大田忠道の料理人道場

凡人でも成功する！

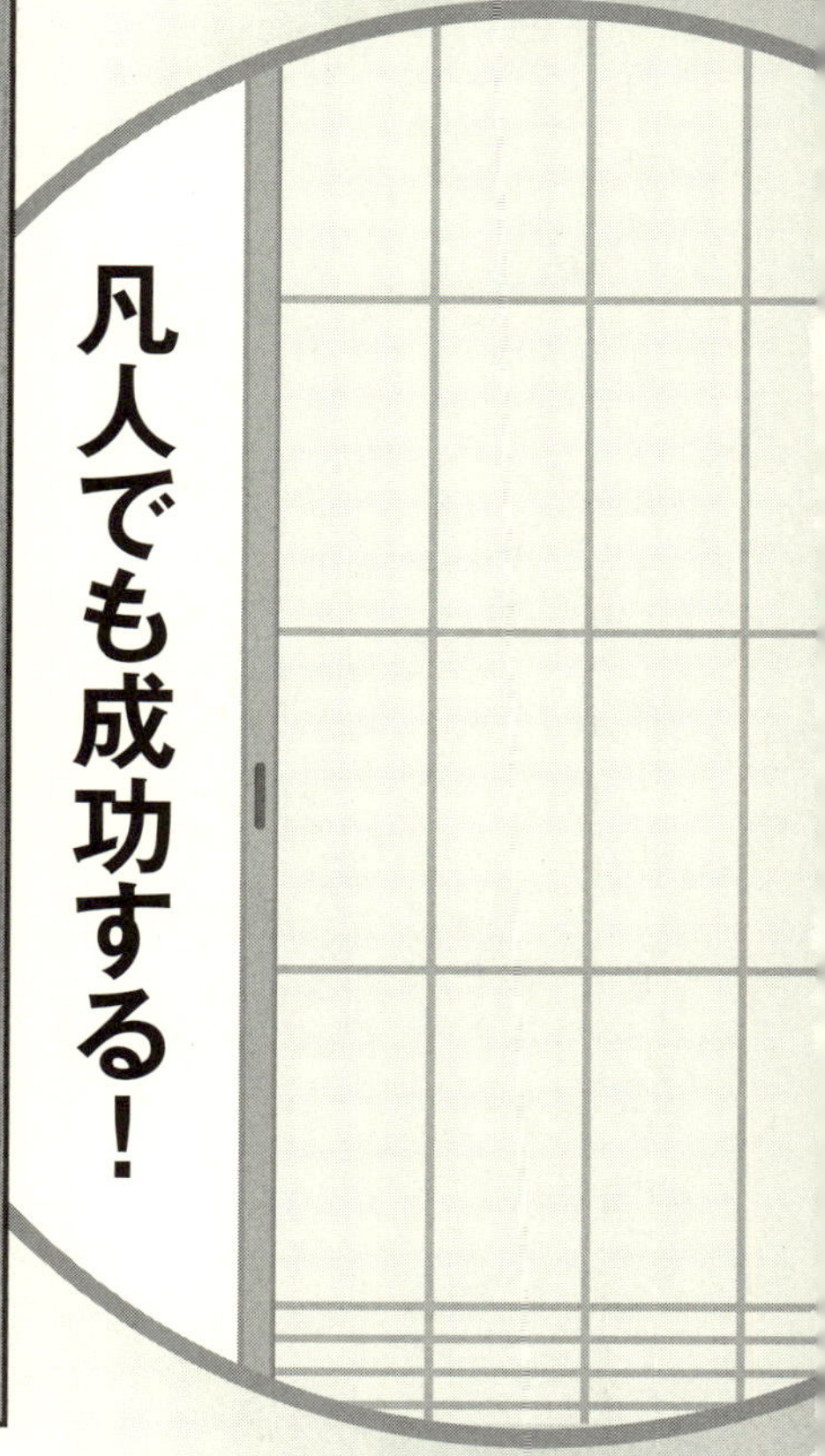

大田忠道 著

旭屋出版

目次

《第三章》料理人として飛躍するために

《第四章》テレビや雑誌などメディアの威力を活かす

《第五章》

《第六章》

はじめに

人を育てるということは大変難しいことです。

料理の世界に入って約半世紀、多くの料理人のめんどうを見てきました。一人前に仕立てあげるため弟子の養成にも努めてきました。

そして今、私の長い料理人人生で得たものを注ぎ込んで、「料理人道場」ともいうべき場を持ち、料理人のあるべき姿を提唱し、指導しています。また、実際にいろいろな場所に出向いて、実習したり、講演をしたりして自分の考えるところを伝えてきました。

●一流の料理人を目指すなら、まず、人間としての修行を積むことが大事です。基本の挨拶からはじまり、人間としての成長が、すべて技術を磨くことにつながります。

人にしてもらったことは、必ずお返しする、少しずつでも誠意を持って報いていくこと。日頃から「義理・人情は欠くな」と言っていますが、人間関係を大切にしなければ、技術の伝承も何もありません。上から教えられたことを下の者に伝えていくことも重要な仕事です。教える立場になってはじめて、深く理解することも多いからです。

●凡人でも成功する道があります。それは、目標を高くかかげてコツコツと努力を積み重ねていくこと。生まれながらの天才は滅多にいません。世の中に努力もしないで何かを成し遂げることのできるような人はいません。天才ともてはやされる人でも、見えないところで、血のにじむような努力をしているのです。

基本をおろそかにしてはいけません。一気にかけ登ろうとせずに、徐々に積み上げていき、まず土台を固めましょう。慢心したり、おだてられて天狗になるのも禁物です。土台がしっかりしていないとおもちゃの積み木のようにすぐに崩れてしまうからです。

●天から降り注ぐ太陽の光や雨や風によって地に育つ植物や動物たち。天の恵み地の恵みがもたらす素晴らしいそれらの動植物たちが、われわれの生命を維持する食材になります。私たちに与えられた貴重な食材を、よりおいしく、余すところなく料理としてお客様に食べていただく。この料理人道を貫くために『天地の会《あまつち》』を主宰して、精進を重ねています。私のもとに料理人を目指す若者たちが集まり、弟子や兄弟弟子、孫弟子たちを合わせると約七百名にもなります。

自分の力だけではなく組織の力や情報の力、すべての力を駆使していくことも凡才が成功するための道だと教えています。

これまでの仕事が評価され、「ひょうごの匠」、「神戸マイスター」などに認定され、「黄《おう》綬褒章《じゅほうしょう》」という勲章まで頂戴いたしました。これを励みに、今後も一層料理人道に精進し、慢心することのないよう努めていく覚悟です。また、お客様に喜ばれる料理を提供できる料理人を育てるべく、弟子たちの養成にも力を入れていく所存です。

この本をまとめるにあたって、これまでの私の経験や失敗談を踏まえ、それぞれの章で私の考えをお伝えできれば、これ以上の喜びはありません。

一流の料理人を目指す若者たちへの叱咤《しった》であり激励の書であるように願っています。

《第一章》

私の料理修業

人生の分岐点、このチャンスを活かせ！

人生を変えた運命の途中下車

人生には、分岐点というものがどこかに存在します。私の料理人としての人生は、就職のために東京に向かった列車を途中下車したことからはじまりました。ずっと会えなかった兄のところに立ち寄ってみようと思ったことが、私の人生を変えたのです。兄は、大阪の料理店で板長として働いていたのですが、長く会う機会がなかったので、東京に行く前に思い切って訪ねてみようと思ったのです。田舎者の私は大阪の街の活気と人の多さに驚きながらも、訪ね歩いて、兄の働いている店になんとか着きました。その日、兄の作ってくれたまかない料理の味に感激して、そこから動くことができませんでした。運命というのでしょうか。食べ物の魅力が私の中ではじけました。

料理人として働きたい。私は決心しました。自分勝手な判断をしたために、各方面の方々に迷惑をかけたことと思います。ですが、自分自身が「これだ!」と直感したことを信じ、料理人という職業を選んだことに後悔はしていません。

直感力や人との出会いは大切にしたいものです。自分の人生にどんなチャンスを運んでくるかわかりません。

人生を変える決断の一瞬！

故郷の土佐清水を出たのは昭和三十八年、高校を卒業すると同時でした。

四国高知の地方の町の高校生にとっては、大阪や東京はあこがれの地でした。

今では懐かしい言葉ですが「集団就職」ということで、全国各地の中学校や高校に、東京や大阪や名古屋などの大都市を含む関東圏や関西圏から求人募集が数多くありました。経済成長のまっただ中で労働力や人手が不足し、とくに都市部では大きな需要があったからです。

いろいろな会社の求人担当者が学校を訪れて、自社をアピールして、希望者を募るのです。

学校を卒業したらどうしようかと、皆が考える頃になっても、私はとくに何になりたいとか、どんな仕事に就きたいとか、はっきりした目標を持っていませんでした。

そのときの事情は詳しくは覚えていませんが、先生のすすめもあって、東京のある繊維メーカーに就職が決まりました。繊維関係の会社は当時は景気もよく、いい会社であるというように聞いておりましたので決めたのだと思います。

あっという間に卒業式を終え、見慣れた海や山に別れを告げて、東京へと旅立つことになったのです。集団就職の一団は、まず大阪に向かい、一泊して東京に入る予定でした。けれど私は大阪には別の目的があり、先生に外泊許可を得ていたのです。

年の離れた長兄が、大阪の料理屋で働いていて、当時、板長をしていたので一目会っていきたいと思い、自由行動で立ち寄らせてもらったのです。

道をたずねながらやっとたどり着いたのが大阪・新町の『森田』という店。

「よう来たな」と懐かしい兄が出迎えてくれました。

私と同じような年格好の若い衆も何人かいました。その日、まかないの食事を一緒に食べさせてもらいました。それが忘れられない一食になったのです。

「魚のあら炊き」。甘辛い煮汁をたっぷり吸った魚のアラの煮つけが舌にとろけるようで、骨の間の身をせせりながら、こんなにおいしいものはないと思いました。

ご飯も炊きたてでピカピカに光って、甘く優しい味がします。遠慮しながらも何杯もおかわりをしたのを覚えています。まかない料理は、板前たちがその日の残りものを案配して作るのですが、私はこれまで食べたことのない深い味に魅せられ、すっかりおいしい料理のとりこになってしまいました。

私はその時、ここで働く！　兄の下で働くと即座に決めました。

生まれは兵庫ですが、少年時代は高知の土佐清水で兄弟とは別々に育ちました。そんな私の突然のわがままを、長く会わなかった兄は「そうか、やってみるか」と受け入れてくれたのです。

もしこれが兄ではなく、親や先生なら、「そんなことは許さん、きちっと決めた会社に就職して働きなさい」と言ったに違いありません。兄は、離れていた弟をかわいそうに思ったのでしょう。まかない料理を食べて喜ぶ顔を見たので、むげに東京へ行けとは言えなかったのかもしれません。

料理の魅力を知り、料理人としてのスタートを切る

「ここで働こう」そう決めてしまいました。大阪の賑わいや活気も私を勇気づけてくれたように思います。

あのとき大阪の兄のところに寄らなかったら、あのまま東京に行って、「料理」とは縁もゆかりもない仕事をしていたに違いありません。

大阪での途中下車が私の運命を変えたのです。その後の生き方を変えたのです。たった一日で決めてしまったのですから、今思うと不思議な気がします。

運命の岐れ道、大阪で料理人修業に入る

料理人の世界に入った頃。
やせてヒョロヒョロの体形でした。

やっと一人前の料理人と認められた
頃の祝儀の席で。

学生時代は空手に熱中。自然の原野の中で体を鍛えました。

とくに料理を作るのが好きだったわけではありませんが、食べ物の魅力に出会い、おいしいものを食べる喜びを知ったのです。料理人の道を選んだのは単純なきっかけかもしれませんが、私の直感、カンのようなものも働いたのかもしれません。

実際に料理人修業の板場に入ると想像以上に大変なことが待ち構えていましたが、そのような「めぐり合わせ」があったということは私にとっては幸せなことでした。

人の何倍も努力し、ハンディを克服

一流の料理人を目指す！

料理人の見習いとして料理修業が始まりました。食べ物の魅力につられて入ったようなもので、さしたる覚悟があったわけではありません。

軽い気持で修業に入ったところが、何もかもわからないし、できないことだらけでした。

手とり足とり教えてくれるわけでも、もちろんありません。昔の職人気質の料理人の中に入って、一番下《した》っ端《ぱ》の人間は右往左往するばかりの毎日が続きました。

私は決心しました。人より何倍も努力し、早く一人前の料理人になってやろうと。

ところが、私には「左きき」というハンディキャップがあり、乗り越えなければいけない壁にぶち当たりました。これを克服することは、大変な試練でしたが、「両手使い」ができるようになったお陰で大きな武器になり、仕事のスピードアップにも役立ちました。

この世界に入って成功したいと志したなら、「一流の料理人を目指す！」という高い目標をかかげて、人の何倍も日々努力し、技術を磨くこと。人と同じことをやっていては絶対にダメです。

野菜や魚の名前も旬も違うし、料理の専門用語もわからない

私は大阪で料理人になると決め、兄の居る店に入門し、料理修業のスタートをきりました。

追いまわしといわれる、一番の下っ端で、重労働でしたが、まかないで毎日食べさせてもらえる、アラ炊きや煮炊きもんは、本当においしかった。ご飯が何杯も食べられるほどコクのある旨みでした。貧乏であまりよい食生活でなかったこともありますが、家庭で食べていた味とはまったく違うものです。毎日感動の連続でした。

まかない料理にせよプロの料理人が作る料理です。その料理を田舎者が食べるのですから、おいしくてたまりません。どうしたらこんな味が出せるのか、好奇心いっぱいでした。

その店に入った当初は、体重は六十キロ、身長は一八五センチはありましたから、ヒョロヒョロのっぽのやせ型でした。学生時代は空手をやっていたのでやせてはいても、体力には自信がありました。何人かの先輩がいましたが、タッパがあり、腕っぷしの強そうな若僧の私に、陰湿ないじめはありませんでした。頭をこづかれるくらいのことはありましたが、そんなことは何でもありません。ですが、体育会系のノリだけでは、技術を覚えていくことはできません。

毎日が驚きとわからないことの連続でした。常識的なことはわかるのですが、専門用語がまったくわかりません。

野菜や魚など、それぞれの名前からしてわかりません。もちろん、大根や人参や里芋やほうれん草など家庭でもなじみの野菜ぐらいはわかります。でも、お造りの「つま野菜」の防風《ぼうふう》だの、花穂だの、芽甘草《めかんぞう》や莫大海《ばくだいかい》、紫芽《むらめ》や赤芽《あかめ》など名前も聞いたこともなければ見たこともないものばかりです。

名前を覚え、その扱い方を知ることも一苦労でした。

魚の名前も、同じ魚であっても故郷の四国とは呼び名が違っていたり、調理法も違っています。もちろん旬の時期も少しずつ違います。

料理屋では、ひとつの食材についても最盛期の「旬」とは別に出始めの「はしり」と旬の終わりの頃の「名残《なご》り」があり、ややこしくて、何のことやらさっぱりわかりません。とにかく覚えていくしかありませんでしたが、一年も経つと料理法や料理名や旬の材料名などは頭に入ってきました。早く一人前になりたいという一心でした。

時間を惜しまず、人の二倍三倍努力！
「左きき」のハンディを克服する

「技術は盗んで覚えろ！」というのが当たり前でしたから、先輩の仕事を盗み見て、包丁さばきや味つけの順番などを目と腕に覚えさせたものです。

それで、不平不満を言う見習いはいません。

「そこの大根、桂むきにしときな！」

その一言で、何もわからないながら、はじめは見よう見まねでやりますが、ほとんどが失敗です。口でも手でも教えてくれないのですから。仕事が終ると皆は麻雀をしたり、寝に帰ったりしてしまいますが、私は板場に残り、包丁を握りました。クズの大根や残りの小魚で桂むきや魚のおろし方を猛練習したのです。繰り返し繰り返しやることで会得することになります。

体力はありましたから、普通の人のやらない下仕事や、力仕事、それに先輩にピッタリくっついて見よう見まねで覚えていき、同じ仕事を何回も繰り返し練習しました。

日常の仕事は何とかこなしてきましたが、どうしても乗り越えなければいけない壁にぶち当たりました。

私は生来「左きき」だったのです。はじめの下働きのときには、洗い物やら何やらでそれがハンディだとは思いませんでした。決定的になったのは、盛りつけや切りつけなどの仕事をするようになった頃です。

「きき腕を直さなアカン！」と親方からきつく言われました。当時は左きき用の左包丁というものも一般的でなく、どうにかしなければ仕事に支障をきたします。

並んで盛りつけの作業をすると、右ききの人とぶつかってしまうし、八寸などの盛りつけやお造りなどの切りつけも、すべて逆方向になってしまいます。自分でも痛切にきき腕を直さないとやっていけないと感じました。右手で包丁や箸を持つと違和感があり、何もかもうまくいきません。

きき腕を封じて、箸で細かいものをつまむ練習をしたり、まかないの魚を使っておろし方や捌き方をくり返し練習しました。大根の桂むきなどは、毎日のことなので、徐々に右手でもいけるようになりましたが、完全に「左きき」を直すのに二年はかかりました。

コツコツと地道な努力を重ねて、「左きき」を克服したお陰で、忙しい時は「両手使い」で人の二倍も三倍も仕事がこなせます。

鰻や穴子がきちんとおろせるようになって、お客様にも調理長にも認められるようになりました。

細かい細工ものや飾り切りなども得意になりました。両手の細かい作業が不可欠な祝儀・不祝儀の水引き細工などももっぱら私に声がかかりよくやらされたものです。

後に、『料理の鉄人』というテレビ番組で料理対決をしたときには、この両手使いの調理テクニックは〝驚異の早技〟と賞賛されました。

自分の欠点を克服することで、パワーとスピードが格段にアップしました。これは、料理人として大変な武器になりました。

料理修業は人間修行から

先輩に学ぶ料理修業と心の修行

毎日の仕事を漫然とするだけでは何も学ぶことはできません。言葉に出して教えてくれることはむしろまれで、無言の中で、また、先輩の仕事の下働きをしていく中で学ばなければなりません。

修業中は、何が失敗で何が成功かという客観的な判断がつかないので、なかなかラクな早道は見つかりません。

まず第一に目標を持つこと。修業の段階を知り、自分の持ち場の仕事をこなすことはもちろん、一歩前をゆく先輩の仕事を見て学ぶこと。

自分の仕事だけをしていてはダメで、人の仕事をよく見て気を配ると、先輩たちにも可愛がられ人間関係もよくなるはずです。

先輩たちと「同じ釜の飯を食う」、あるいは「寝食《しんしょく》を共にする」中で、料理修業をする。そのことがどんなに重要か、料理修業は、「人生修行」、「心の修行」だということがわかってくるのです。

敷かれた修業コースを歩むのではなく人より早く修得することを心がける

遊びたいさかりの十代の若い者が都会に出て来たのですから、楽しそうに見える誘惑が山ほどあります。パチンコや麻雀、お酒やギャンブル、そして若い女性にも興味が充分あります。あらゆる楽しい誘惑があり、その中で自分をコントロールし、厳しい修業に打ち込むことは容易ではありません。はっきりとした目標もつかめませんし、周囲の皆が自分の味方とは限りません。初めは、自分の意見など一切受け入れてくれない封建的な社会ともいえます。

いかに料理の技術を学ぶか、その方法が初めの頃、私にもわかりませんでした。特別な師匠はいなくても、後になって考えれば、すべての先輩がいろいろなことを有言、あるいは無言で教えてくれていました。また、どんなダメな先輩でも、それが反面教師となって教えられたことがたくさんあります。私にそのことがわかるようになったのは、ずっと後になってからでした。

私の料理修業の初めは、いわゆる「追いまわし」でした。材料の下洗いや鍋釜など、すべての洗いものをします。掃除も店だけでなく、皆が寝起きする部屋までやるのです。当時は先輩の料理人の人たちと店に住み込んだりして、同居するのが普通でした。一番下の見習いは、店と先輩たちの雑用のすべてをこなさなければなりません。

通常の修業コースは、

①追いまわし ②八寸方（前菜の盛りつけなど） ③焼き方 ④揚げ方 ⑤煮方 ⑥立て板、板長（料理長）です。さらに、総料理長というポストがある場合もあります。

また、それぞれの持ち場の責任者にいきなりなるのではなく、「脇」という助手的な役割を持たされます。「主」と「脇」ですから、「主」になる責任者のサポートをしなくてはなりません。ですが、ここが仕事の覚えどころです。

一連の修業をし終えるには十年以上の歳月を要するといわれています。ですが、私の場合は違っていました。順繰りに経験をするのではなく、人より早く仕事を覚えると見込まれて、いろいろな持ち場を同時に任されたのです。

当時より、現在の方がより修業もスピードアップしています。昔ながらのやり方では間に合いません。人の何倍か努力して、十年かかる修業を五年、三年と縮めていく覚悟でなければいけません。昔と比べれば情報も教材も豊富です。私も若くして料理長になりましたが、人一倍努力しました。目標を持って修業することが大切です。

先輩と寝食を共にして料理だけでなく先人の知恵も学ぶ

今の若い人たちにはわからないかもしれませんが、先輩の料理人と「同じ釜の飯を食う」「寝食を共にする」ということは、仕事はもちろん、プライベートな時間もすべて一緒に過ごすということです。

そんなことは、我慢できない、堪えられないと言ったら、もうそこで終わりです。その人に密着して技術を盗んだり覚えたりすることが修業の原則でした。料理学校や本やテレビやその他の方法で学ぶという時代ではなかったのです。

大阪の店の後に、奈良の『萬盛庵』というところに入ったのですが、和食の料理人だけでも十五～十六人はいたでしょうか、そして、中国料理、洋食も出している大型店でしたので、相当な人数の料理人が働いていました。それぞれのジャンルでアタマ（料理長）になっている人たちの話は本当に面白かったです。失敗談や自慢話、仕事にまつわるあらゆる情報が行き交っていました。

ある先輩は、今日作った料理の自慢やあるいは、こんな失敗をしたなど深夜まで話してくれました。私は疲れていて、すぐに眠りたいのですが、そうはいきません。眠い目をこすりながら長々と続く話を聞いていました。ときには、花札や麻雀などにつき合わされたりすることもありました。

でも、料理を学ぶうえで、どんなことも参考になりました。先輩が思わずもらす愚痴の中にも、味つけや食材の扱い方など、私にとっては、「宝物のような教え」が入っていたのです。

そうしているうちに、先輩たちの「女房役」とでもいいましょうか、自分の上の人たちが、今何を考え、何をしようとしているのかがわかるようになったのです。そうなると、今度は自分が何をすべきかがわかってきます。よく気のつく奴だと可愛がられたりもしました。

和食の料理人だけでなく、中国料理や洋食の料理人の人たちとも情報交換をすることができたのは、大変な収穫でした。何かものを教えてもらう立場にいるとしたら、相手に気に入ってもらうことが一番です。ゴマをするというのではなく、自分の学びたい姿勢や、素直な気持を持って接することが大切です。

一夜にして名人や天才は生まれません。見えないところでも、ひとつひとつ積み重ねて努力することが血となり肉となるのです。

そして、先人の知恵をおろそかにしてはいけません。先輩や師と仰ぐ人には敬意を払い、できる限りその技術を吸収する。いつか料理長になるために、若いうちにしかできない「心の修行」も含めて、先輩に学び、あらゆる勉強をすることをすすめます。

《第二章》

大田流創作料理の開発

客とのコミュニケーションをはかれ！

「客前料理」が名物になる

お客様に喜んでもらえる料理を作りたい。料理人としての最終的な目標はそこにあるのです。が、そこに至るまでにクリアしなければいけないことは沢山あります。何よりも技術を磨くこと。そして、「老若男女」どの客層にも喜ばれるような工夫もしなければなりません。また、ひたすら料理道に精進しても、まずはお客様が来てくれないと始まりません。そして利益をあげていかなくては継続していくことはできません。

そのために必死に考えて成功した、大田流の料理があります。弟子の料理人たちはもとより、全国の同業者の方たちにもお役に立つ発想であると思い、この章では、数々のヒットした料理戦略を伝えたいと考えています。

その第一が「客前料理」です。料理人は従来客の前に出ることはなく、縁の下で働き、店や旅館を支えていたのですが、もっともっと表に出て、パフォーマンスをしてお客様とのコミュニケーションをはかることで、お客様に喜んでいただきました。その結果、私自身が店の名物料理人になることで、旅館の評判を高めることに成功しました。

時代の流れを読んで お客様に喜ばれる料理を考える

料理旅館や温泉旅館の全盛期は、高度経済成長期と重なります。どの施設の利用客数も右肩上がりでした。団体客や宴会客など会社の行事に合わせて、四季折々に利用していただきました。男性客が多く、宴会場に宴会料理を提供していれば、お客様は飲み、かつ食べて盛り上がり、お開きになります。あとは温泉街のバーやクラブなどにくり出すというのがお決まりのコースでした。

飲むことの方が主体でしたので、宴会料理も、お造りや天ぷらなどの定番料理でそれなりに品数がそろっていれば、満足していただけたように思います。

ところが、バブルがはじけて、社用の利用が激減する時代に入ったのです。会社の人間関係も様変わりしました。会社に帰属する意識が薄れ、個人の自由が優先するという時代になってきたのです。

新入社員歓迎会などの飲み会くらいは参加しても、会社の社員慰安旅行や忘・新年会を兼ねた温泉一泊旅行などには参加したくないという若者が増えてきました。会社に強制力はないので、自由参加にすると、ほとんどの若者が不参加だといいます。上役や上司を立てなければならない、上下関係を強いられるのはイヤだ！　という訳です。仕事とプライベートは別で、社員旅行は会社の行事から消えていくことになるのです。我々旅館業界の危機です。

私が『有馬グランドホテル』に入り、その後二十三歳で『中の坊　瑞苑《ずいえん》』に副料理長で入り、三十六歳で料理長になる間に、時代の対応に遅れをとった老舗の温泉旅館がつぶれていきました。全国的にも有名な温泉地の老舗旅館がです。旅館・ホテル業界の盛衰を見てきました。

団体旅行をメインに集客してきた旅行代理店まかせにしてきた功罪もあります。団体客から個人客に目を移せば、ありきたりの宴会料理では満足できないことは明らかです。宴会場に並べられた冷めた天ぷらや一時間も前から盛られていたお造りでは正直言って味も何もあったものではありません。

私は根本的に料理を見直しました。もっと価値のある、喜んでいただける料理を考えました。そして、できたてを食べていただく、料理人が直接お客様の目の前で仕上げて見せる「客前料理」を積極的に展開したのです。

お客様の目の前で調理する「客前料理」が大好評！

旅館の料理では夕食には力を入れますが、朝食の献立は原価も低く貧弱でした。従来の朝食は、定番の「だし巻き卵」、「干物魚の焼き物」、「おひたし」、「海苔」、「納豆」な

朝食に大好評の客前料理
熱々の焼きたて「だし巻き卵」

調味した卵焼用の食材をすべてワゴンにセットし、お客様の前でだし巻き卵を焼き、熱々をお出しします。

クルクルと巻いて焼き、器に盛り、熱した銀あんをかけます。お客様一人一人に客前で作る「だし巻き卵」は心に残る宿の味となり、リピーター客も増えました。。

羽釜で炊いたご飯を客前でよそってお出しします。炊きたてのご飯の香りが食欲をそそります。お焦げをお替わりされたり、おにぎりのリクエストもあります。

朝食の前菜はパレット皿盛り

絵の具を溶くパレット皿にヒントを得て、創作食器を考案し前菜用の器にしました。華やかな演出でたちまち話題になり、全国的に広まりました。

ど、ほとんどの料理に際立った印象を与えるものはありません。まず朝食を変えることで、少しでも今までとは違った印象を持ってもらいたいと考えました。

旅館の朝食には小鍋や卓上コンロで客自身に干物を焼いてもらうことで温かい料理を出すスタイルはありましたが、料理人の味や技術を感じさせる魅力的なものはありませんでした。そこで手始めに、だし巻き卵を客前で作ることにしました。コンロと鍋をお客様の部屋まで持ち出し、お客様の目の前で熱々のだし巻き卵を焼き上げて、薄口の銀あんをかけてお出ししたのです。わざわざ自分だけのために料理人が部屋まで来て、焼きたてのだし巻き卵を作ってくれることに、どのお客様にも百パーセント喜んでいただけました。後に、「つやつや卵」とネーミングしました。

この一皿をはじめとして、客前で炭火で焙った焼きたての海苔や魚の一夜干しなどをお出ししました。香ばしい香りの立った焼き物は食欲をそそります。また、お客様の前でおろす、しらす入りのみずみずしい大根おろしも大変喜ばれました。

もちろん、メインのご飯も重要ですから、昔ながらの羽釜で炊いたご飯を釜ごとお出ししてよそいます。ふっくら炊きたてご飯は、プーンとよい匂いがします。お焦げもできますので、お好みでおにぎりにしてさしあげました。

こうした「客前料理」は、お客様の食欲を刺激します。同じ献立でも、自分のためだけに作られた、作りたての料理は格別おいしいものです。どのお客様も、その新鮮なパフォーマンスに驚き、そして感激していただいたように思います。

宿の朝食で味わった小さな感動が心に残れば、必ず誰かに伝えます。それを聞いた人はまた、別の人に話します。人から人へ、その感動が話され、多くの人に伝わります。

水面に落ちた一滴のしずくが、小さな波紋を作り、やがて大きな渦になって広がるように、評判が広がっていきました。客前で作るだし巻き卵をスタートさせたことが、大きな宣伝効果をあげたのです。

お客様の前で、焼く、揚げる！旬の料理を提供する

お部屋で、揚げたてを食べていただく「天ぷら」や炭火で焼く「焼き松茸」、客前での「お造り」の盛り合わせなどもやりました。

皆で、手分けをして、お部屋をまわりました。料理人とお客様とが直接話しをすることができる「客前料理」は話題になり、口コミで評判を呼び、リピーターや新しいお客様の集客にも威力を発揮しました。

お客様とのコミュニケーションもうまくいきますし、細かい好みなどもわかり、直にお客様の注文を受けてさしあげると、より一層喜ばれました。

夜の献立にも二〜三品は「客前料理」を取り入れました。

旬の食材を使った揚げ物や焼き物の料理なども、すべて下ごしらえを済ませて、客前

に持ち出します。さっと衣をまとわせて、カラッと揚げて、揚げたてを食べていただきます。こうして揚げると、おなじみのクルマエビやイカなどでも感動してくださり、天紙にのせてさしあげると同時にお客様は箸をつけて召しあがってくださいます。素材がよく、しかも揚げたてですから、おいしくないわけがありません。

春の山菜や初夏のグリーンアスパラガスやトウモロコシなど素材本来の味が生きた揚げ物になります。とくに旬の野菜は、揚げたてですと味がワンランクもトゥーランクもアップするから不思議です。

また、おしのぎとして、握りずしを二～三カンお出しします。もちろん、目の前で握ってお出しすることがミソです。春なら筍、秋なら松茸なども握ります。山菜や魚介だけでなく牛肉の握りなど、一般のすし屋さんではないすしダネも工夫します。

「客前料理」で、何よりも重要なことは、そこでお客様とのコミュニケーションが生まれることです。

おしのぎの一品「客前握りずし」

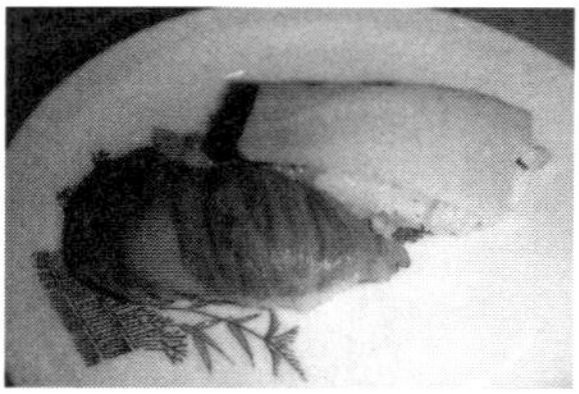

旬の松茸や筍などの変わりずしや、牛肉の焙りずしなどを客前で握ります。季節感と演出効果抜群でお客様に喜ばれます。

「すし屋に行ったみたいだ。珍しい山菜のすしも食べられてよかった」、「この牛肉の握りおいしいね、初めて食べましたよ」と、お客様が必ず話しかけてくれて、話しがはずみます。

その場でお客様の好みを直接聞くことができるのも大変なメリットです。肉が苦手なお客様には、さっと焙ってさしあげたり、味つけも若干変えて、好みの味に近づけることができます。お客様の満足度が高まることは確実です。

デザートも葛切りや白玉抹茶シャーベッ

トなど、お客様の目の前で作ります。目の前で作るというパフォーマンスが、新鮮な驚きを生みます。

料理長クラスの人が「客前料理」を担当するわけではなく、どの料理人でも出来るように、マニュアル的なものを作って教えます。お客様との対応やコミュニケーションのとり方なども同時に身につき、将来的にもプラスになります。

「客前料理」のアイデアは次々と浮かび、パフォーマンスと作りたての味わいは多くのお客様に喜んでいただけました。

多少の手間はかかるものの、それを上まわるメリットがある「客前料理」を、どんどん取り入れるように弟子たちを指導していて、成果を挙げています。

常に勉強、お客様を飽きさせるな

「創作料理」の集客力

料理に〝感激〟がなければお客様の心を捉えることができません。いつも同じようなものを出していたり、他店と代わりばえしないものを出していたのでは、感激は生まれません。お客様から見放されてしまいます。現代の料理は、盛りつけや演出、味つけなどの創作性が重要になっているのです。

温泉旅館に来られるお客様も、現在、一番の魅力として挙げているのが、「食事」です。温泉の泉質やロケーションなど重要な要素はあるものの、とくに女性客にとっては「食事」の内容が選ぶポイントになっているようです。

料理の魅力を徹底的に追及し、他との差別化を図ることが大切です。私は「客前料理」とともに、「創作料理」を打ち出すことを考え、実行に移しました。とにかく、斬新でお客様に喜んでいただけるような料理を考えました。すると、それらの「創作料理」が名物として評判になり、テレビや雑誌などが取材に来て、話題になったのです。

その土地の食材をうまくアレンジして〝物語のある料理〟に仕立てました。

それぞれの土地の特産物や名産品を生かしたり、地域の伝統や物語を取り入れた

「創作料理」や「客前料理」など、予想以上にお客様の心に残る料理となるということがわかりました。とくにすき焼きをアレンジした「雲海鍋」はお客様に大人気で、テレビや雑誌などにもとりあげられ、名物料理となりました。「創作料理」も含めて、常にお客様が飽きない工夫をしていくことが料理人として大切だと思っています。

有馬温泉の十二坊物語にちなむ「前菜　十二坊盛り」

私が考えた創作料理がヒットして話題を提供した結果、リピーターを増やしていくことに成功しました。

創作料理の魅力は、その演出と物語性にあると私は考えます。

料理の創作性、オリジナリティーとストーリーが結びつくと、よりインパクトが強くなります。その料理を食べたお客様は、味とともに、その時の感激を大切なエピソードのひとつとして、旅の土産話にして持って帰っていただけるのです。

いくつかの私の創作料理は、そうした意味で、旅館の名物料理としてお客様に喜ばれ、マスコミなどにも取り上げられました。

夜のお食事の最初に、「前菜　十二坊盛り」をお出しします。有馬温泉の元となった宿坊の、十二坊にちなんで創ったものです。

十二種の前菜を十二に仕切った特注の創作器に盛り、四季折々の珍味や酒肴をそろえます。お客様はまず、その器と前菜料理の品数の多さに驚かれます。

「エー！　こんなにたくさんの料理が前菜なんて、すごいですね。コースのお料理の前に食べきれるかしら」

「有馬温泉の宿坊、十二坊にちなんで創りました。ひと口ずつですので召しあがっていただけるやろと思います」

いつもこんなお客様との会話から食事が始まります。私は、ご挨拶をしながら料理の種類や十二坊の物語を加えて説明いたします。

男性のお客様など、「十二坊盛りの前菜だけで酒が二合はいけますね」と喜んでくださいます。

有馬温泉の由来と十二坊物語について

有馬温泉は、千三百年ほど前に舒明天皇や孝徳天皇が入湯されたと『日本書紀』に記されています。奈良時代に入り、僧・行基が温泉寺や阿弥陀堂を建立し、次いで鎌倉時代に入り、仁西上人が温泉を再興、さらに、薬師如来を守る十二神将にちなんで十二の宿坊を建てたのです。

器も創作、大田流創味の「前菜十二坊盛り」

有馬温泉の十二坊にちなんだオリジナル器に盛った創作前菜。
創作器を楽しみにしてくださるお客様も多く、趣向をこらしています。

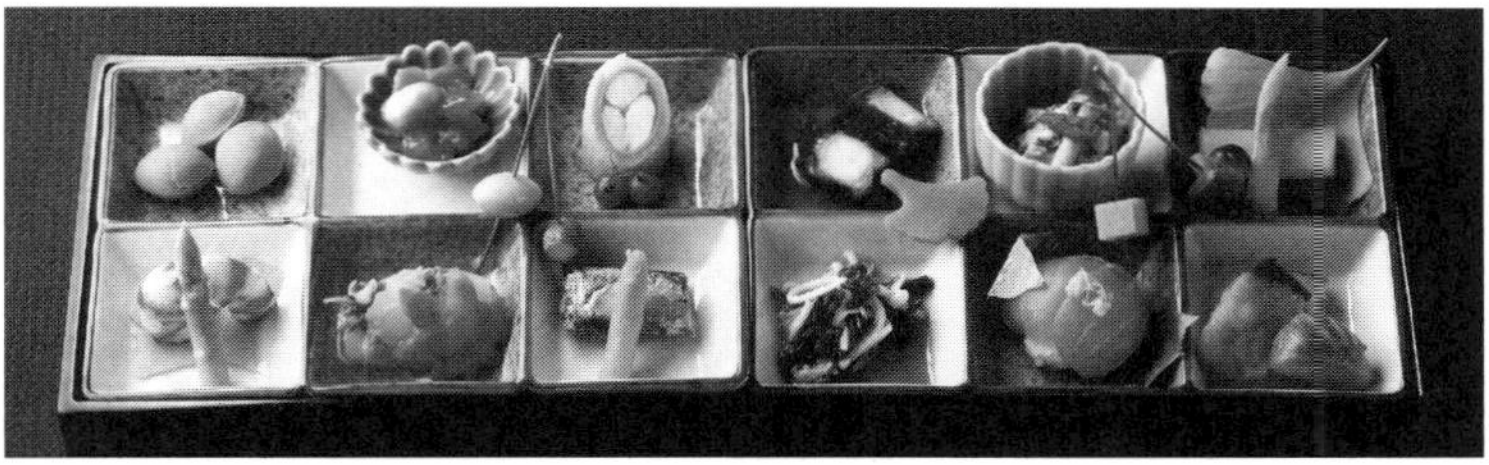

十二個の特製の器に少しずつ珍味や季節の酒肴を盛り合わせます。テーブルいっぱいに広がる前菜は、彩りもよく豪華で量感も満点です。

白木の板に穴をあけ、半球型の小鉢をのせた創作器です。立体感がありモダンな感覚の前菜になりました。日々新しい器で提供しています。

「前菜十二坊盛り」のお献立例

うるおい
【食前酒】 山田錦

口福
【先付け】 ドラゴンフルーツ釜の かに身射込み

心の笑み
【前菜 十二坊盛り】 菊菜とえのきのお浸し・ミニトマトワイン煮・うすあげと三つ葉の白和え・鮪柔らか煮・鯛の子・とうもろこしと明太子の紅葉和え・あん肝・丸十蜜煮・銀杏・ほたるいか醤油漬け・黒豆・栗甘露煮

海からの恵み
【お造り】 三種盛（その日の市場にて）

ほっこりと
【鍋料理】 ふぐ鍋

元気をくれる
【しのぎ】 かに身のたまじめ

秋の香り
【焼き物】 のどぐろ幽庵焼き

ミネラルたっぷりの塩
【揚げ物】 海老の天ぷら・栗・万願寺とうがらし

こだわりのお米
【お食事】 ふぐ雑炊・香の物

季節のフルーツ
【果物・甘味】 フルーツ盛り合わせ

北の坊、角の坊、上大坊、尼ヶ崎坊、池の坊、奥の坊、下大坊、中蔵坊、萱の坊、中の坊、二階坊、御所坊の十二坊です。現在では、奥の坊、角の坊、上大坊、中の坊、御所坊の五つの宿坊の名前が残されています。

熱心な仏教信仰とともに、古くからの癒しの源泉である温泉の施設が集まり、遠来の客が訪れ、有馬温泉が栄えたのです。

いにしえの繁栄を今に伝えたいと願って創ったのが「前菜　十二坊盛り」です。今では、私の主宰する宿『奥の細道』や『旅籠《はたご》』の名物料理となっています。

創作すき焼き「雲海鍋」や「海鮮湯けむり蒸し」などが名物料理に

和牛を使った創作すき焼き「雲海鍋」も名物料理として、人気があります。

創作すき焼き「雲海鍋」

山々にたなびく
雲海になぞらえて、
フワフワの綿飴を
砂糖の代りに使った
オリジナルのすき焼きです。
客前に持ち出して調理する
演出が好評を得て
名物料理になりました。

①綿飴を鍋に入れ、その上に極上の牛肉をのせます。綿飴がシュワーと溶けて上品な甘味に。

②綿飴が溶けたら、紅コンニャクを入れて、さらに牛肉を加えて焼きつけます。

③玉ねぎを加えて、特製の割下を適量注ぎます。それぞれの具材の旨みが出ます。

④煮えたら、クレソン（季節の青菜）を加え特製の卵ダレで召し上がっていただきます。

和牛とクレソン、玉ねぎと元気の出る赤色のコンニャクなどの具材の盛り合わせ、すき焼き鍋とつけダレなどをワゴンに乗せて客前に持ち出します。

料理人がその場で「雲海鍋」を作るのです。

つけ合わせのクレソン、玉ねぎも牛肉とよく合うのです。一番の演出は、綿飴の調味料です。黄ザラメを綿飴器を使ってふわふわにして盛りつけ、お出しするときに「山にかかる雲海に見立てたものです。朝日の光にも似たおめでたい金粉もあしらいました」と、説明を加えます。

すき焼き鍋の中でふわふわの綿飴が徐々に溶けて、霜降りのさしの入った和牛とよくからみます。ほどよく調味した玉ねぎやクレソン（季節の青菜に代わることもある）などとともに卵ダレで召しあがっていただきます。卵ダレもオリジナルで、卵黄と山芋を合わせたもの。卵のコクと、山芋のサクサク感が新食感でおいしいとこれも好評です。

創作性と物語性のある料理は、お客様が一度経験し味わっていただくと、インパクトが強く、忘れられない食事として記憶に残ります。そして、その感動は知り合いの方や友人の方々へ伝えられ、新しいお客様が来てくださるきっかけになります。マスコミにも取りあげられ、雑誌やテレビなどの取材が増えて、宣伝効果は抜群です。そしてさらに、リピーターになっていただける大きな要因にもなります。

手間がかかるから、忙しいからといって、料理人が客前料理や創作料理をやらないのは間違っています。ちゃんと手順を踏めば、料理長でなくても、どの料理人でも充分できる仕事なのです。料理長はそれなりの時間を見計らってお客様への挨拶にまわればよいのです。料理人は、できるだけお客様に顔を覚えていただけるよう、奥にひっこんでいないで、前へ前へ出ていくことが大事です。

お客様の表情や会話で、料理の評価を肌で感じることができると同時に、お客様が納得された料理を提供できたかどうかもわかるからです。

「海鮮湯けむり蒸し」や「白玉団子のずんだシャーベット」「魔法のマンゴーシャーベ

ット」などのデザートなど創作料理はまだまだありますが、料理人が客前で料理を作るパフォーマンスも加わり、インパクトの強い料理となります。

創作料理を考えるとき注意しなければならないことがあります。いろいろな料理をヒントにすることは必要なことですが、マネはいけません。どう工夫してアレンジするか、自分の考えを練ってオリジナル性を高め、創作料理に仕上げることが大切です。

発想の転換が利益を生む

次々とヒットして、売り上げアップ

有馬温泉は日本で最古の温泉地として有名です。有馬温泉に限らず、名前の上にあぐらをかいて商売をしているようではいつか衰退してしまいます。営業を続けていくためには、その時代、その時代に合ったやり方を常に考えていかなければ、時代に取り残されて、お客様に飽きられてしまいます。

旅館の経営形態によっても改革方法は違ってきます。親から子へ経営方法を伝えていく「家業」なのか、会社組織で経営する「企業」なのかでも大きな違いがあります。

いずれの場合でも、スタッフはそれぞれの分野できちっと仕事をする、そして全体でのチームワークでお客様をもてなすことが大切です。

料理部門だけを考えても、お客様に喜んでいただける料理を提供するのはもちろんですが、その中で採算をとり、利益をあげることが使命なのです。

発想を転換して、今までやらなかったことをやりましょう。ヒットさせて売り上げアップにつなげていきましょう。

時代を先取りした
和食の「プリフィックス料理」

料理部門での売り上げアップに取り組むことで、いくつかの新しい試みをしました。当初は、前例のないことなので、経営のトップの人たちに反対されることばかりでした。その反対意見を押し切ってすすめたところ、これが、次々にヒットしていったのです。

一般に旅館の料理は、客室によって多少の違いがあっても大体が同じ内容のものをお出しします。そこでまず私が考えたのは、メインの料理をチョイスできる、プリフィックスタイルのコース料理です。

フレンチやイタリアンのコース料理で、オードブルやメイン料理を自由に選んで自分好みのコースに仕立てる「プリフィックス料理」が今では流行のようになっていますが、その頃は全く新しい試みでした。

旬のコース料理の七品のうち、メイン料理の二品はお客様がチョイスできるようにしたものです。もし、ご夫婦で召しあがるとすれば、四品の違った料理をチョイスできることになります。魚料理や肉料理の中から好みのメイン料理を選ぶと、少しずつでもいろいろな味が楽しめます。お決まりのコースでなく、プリフィックススタイルにすることで、旅館の自慢料理がすべて堪能できたとお客様も大喜び。口コミ効果やリピーター増加などの成果をあげました。

お弁当つきの日帰り宴会が大ヒット

次に考えたのは、宿泊客だけにとらわれず、日帰りのお客様も積極的に受け入れる企画です。日帰り入浴だけでなく、日帰りでの「忘年会」や「新年会」も提案することにしました。ゆっくり温泉につかっていただいて、お食事を召しあがっていただいても、充分日帰りできるプランです。今では珍しくないことですが、宿泊していただいてこその旅館なので、当時としては画期的な企画でした。

この日帰りのお客様の受け入れについてさえ、経営者側の意見を調整する必要がありました。私はそれだけでなく、さらに、この宴会の料理に弁当をつけることを提案しました。当然、「何を考えているのか」と上層部から反対されもしましたが、粘り強く説得し、企画を実現させました。

弁当つき宴会の効果は大。すぐにお客様の反応が返って来たのです。男性客からは、「この間の宴会のお土産弁当は、助かったわ。食べて飲んで帰るとかみさんに肩身の狭いことがようあるんやけど、あの旅館の弁当が家で食べられる！　と言って、かみさんが大いに機嫌よくなってなあ」

女性同士のグループ客にも喜ばれました。

「お弁当があると思うと家を留守にしても安心。家族の夕食の心配もしなくて済むし、すぐに子供たちに食べてもらえるので時間的にもゆっくり楽しめましたよ」

中には、家族の人数分のお弁当を注文して持ち帰られる人もありました。

男性客には、家で待つ奥様のお土産として大好評。女性客からも、思いがけずお礼の言葉を頂戴しました。宴会料理は、自分だけがおいしいものを食べたようで、何となく後ろめたいものですが、待っている人にもお土産弁当がついているのですから、堂々と帰れるというわけです。

お客様とのつながりをもっと強めていく参加型イベント企画でリピーターが増えた

日帰り宴会が好評だったので、その次には料理長と女将の「日帰り料理教室」や「月

昼席に喜ばれる創作「弁当料理」

お食事つきのイベントや祝儀、不祝儀などの会席には
オリジナルな趣向をこらした「弁当料理」が喜ばれます。
日帰り入浴のお客様にも華やかな盛りつけのお弁当をお出しすれば、宣伝効果も絶大です。

清々しい青竹の器に料理と変わり巻きずしを盛り合わせた、軽い酒肴膳にもなる弁当です。

稚鮎ののぼり串焼きや竹皮盛り、小鉢盛りなど立体的に盛った篭盛り点心です。桜葉の香りずしや小さな俵むすびなど愛らしいご飯を添えて変化をつけます。

引き出し式の手提重に彩りよく盛り込んだ会席風の三段重弁当です。お造り、酒肴料理の盛り合わせ、変わりずし三種などにお椀を添えます。

見の会」などのお客様参加型のイベントを企画しました。また、マグロまるまる一尾を目の前でさばく、「マグロの解体ショー」のときなどは、その場で新鮮な刺身を食べていただきながら、サクどりしたマグロや中落ちなどを即売したりしました。

ゲームに参加していただくと賞品をお持ち帰りいただくなど、いくつかの遊び心いっぱいのイベントもやりました。反対されながらも行った斬新なプランやイベントは次々にヒットして、料理部門の売り上げはどんどんよくなりました。

宴会料理にさらにお土産弁当をつけるとか、きれいに器に盛りつけて「お造り」として売るマグロも、魚屋もどきにサクで即売してしまうとか、常識では考えられない発想の転換とも思えることがお客様にウケたのです。お客様に喜んでもらえ、楽しんでもらえたから、売り上げにつながったのです。リピーターのお客様も増えました。

今まで、他ではやらなかったことをやることで、話題作りにもなり、宣伝にもなりました。旅行代理店任せではない、独自の発想で常に考えて、打ち出していくことが売り上げアップにつながったのです。

待ちの姿勢ではなく、積極的に前に出て勝負しなければお客様も売り上げもついてきません。

宿泊客以外にも予約販売した「おせち料理」が大ヒット

その次の年の暮れは、「おせち料理」の予約販売をしました。旅館の立地条件によって違いますが、年末、年始はお客様が少なくなり、意外と手がすいている場合が多いのです。そこを狙って、「おせち料理」の販売を思いついたのです。

「宿泊のお客様だけが食べられる特別なおせちなんやから、他の客に売ってどうするんや」

と、反対の声も出ました。今では何の不思議もなく、有名旅館や有名料亭がやっていることなのですが、やはり当時は、そのような考えは異端者扱いされました。

いつもお世話になっている常連のお客様だけに本当のお礼の意味を込めてサービスでお作りしていた「おせち料理」を一般に販売することも異例でした。けれど、私は必死でした。大所帯のスタッフを抱える旅館を維持していくためには、あの手この手で売り上げを上げる必要があったのです。

はじめての「おせち料理」は、限定販売で価格は五万円、二百セットとしました。予約開始からすぐに大変な反響があり、またたく間に完売しました。およそ、一千万円の売り上げです。いつものおせち料理に磨きをかけ、より見映えよく、高品質の料理を厨房が一丸となって、心を込めて作りました。

配達をどうするか、はじめてのことで心配しました。お届けは大晦日一日限りです。厨房の若い者一人につき十軒ずつ手分けして配達したら、あっというまに終わってしまいました。「案ずるより産むが易し」とはこのことでした。以後、「おせち料理」は恒例となっていますが、このときは、一大決心で臨みました。

一般的な常識をくつ返し、「発想の転換」で利益を生み出すことに成功したのです。

《第三章》

料理人として飛躍するために

偏った見方はやめ、視野を広く持つこと

〝職人バカ〟にはなるな

どの職種の人でも〝職人バカ〟になってはダメです。一つのことに通じているだけでは視野が狭くなり、ものの見方が偏《かたよ》ってきます。ひいき目になってそこで止まってしまうからです。料理人の世界でも同じことがいえます。

〝遊び人〟タイプや〝商売人〟タイプのほうがむしろ将来性があります。

〝遊び人〟に、いつかは目が覚めて、遊びの中から何かを学びとります。そして、一番将来性があると思うのは〝商売人〟タイプです。金銭感覚を身につけ、売れる、利益の上がる料理を作る料理人になることができるからです。

いろいろなことに興味を持つ、「遊び心」も勉強のうち

料理人の中にも、いろいろなタイプがいます。まずは、職人肌で〝職人バカ〟といわれるほど一つの道に打ち込み、他のことにはまったくお構いなしという人です。仲間うちでは、一目も二目もおかれ、尊敬されているようなタイプです。そして、仕事をやることはやるが、他の面ではヒマさえあれば遊び歩きフラフラしているような、いわゆる

〝遊び人〟タイプ。また、一見ケチなようなお金にうるさい〝商売人〟タイプの人もいます。乱暴な考えかもしれませんが、その道一筋の〝職人バカ〟といわれる人を、私はあまりよいとは思いません。ここで挙げた三つのタイプの中では一番いけません。将来的に伸びるとは思えないからです。一つのことに通じていても、他のことに目を向けなかったり、酒を飲んでも同業の仲間うちだけでしかつき合えない。自分の仕事以外のことになると無知で、世間のことを知らなさすぎの人が多いのです。つまり、視野が狭く、他の人に聞くことも、教えてもらうこともなくなり、大切なことを学べないようになってしまうからです。

〝遊び人〟タイプの人は、極端な場合を除いては、いつかは目が覚めるものです。遊びが悪のように思われるかも知れませんが、いざというときには、遊びも、遊び心も大いに役立ちます。

料理に置きかえていえば、色彩感覚や盛りつけ、食材や器の扱い方なども「遊び」の中から学びとることもできます。

他の職業の人と交流を持ち、話したり遊んだりしている中には、いろいろなヒントが隠されているものです。ひいき目で一方的にものを見るのではなく、違う目線から見ると欠点や長所がよくわかるということがあります。それこそ見方が変われば「石も玉に、玉も石に」見えるものです。

金銭感覚を身につけ〝商売人〟になろう

金銭感覚にシビアな〝商売人〟タイプの人は、料理人の仲間うちでは、あまり評判がよくない場合があります。しかし、お金にうるさいことと、ケチとは違うのです。料理人は料理のことばかり考えているだけでは、繁盛店や一流店を切りもりしていくことはできません。仕入れひとつとっても、この魚の場合はこの原価で、いくらで売れる料理を作るか計算できなければ、料理人の資格がないともいえます。

将来、料理長になって店をまかされるということを考えると、計算ができ、商売感覚がなければ無理です。

高い原価の魚でも、いたずらに高い料理に仕立てて売ればよいというものではありません。一尾をムダなく使い切り、その食材を適材適所に余さず料理に使うことが利益を生むからです。

高い天然ものの鯛一尾を仕入れた場合、メインの「お造り」や「お椀物」でお金をきっちりいただける仕事をして、各部位ごとにまた皮や頭や中骨など、細部にわたって料理に仕立てていけば、全体として、仕入れ値に見合う利益を上げることができます。

上身《じょうみ》にすると、歩留まりが何割程度になるのか、何人前のお造りがとれるのか。原価や人件費、客単価や客数など、数字にまつわることをおろそかにしていては、店の経営はまったく成り立ちません。

若い人にとくに伝えたいことは、職人肌の〝職人バカ〟になってはダメだということです。内弁慶のように、中の人間だけとつき合っていて甘やかされているようではいけません。また、遊びにおぼれるばかりではダメです。遊びも知って、得るものがあれば学びとることです。

そして、一番大事なことは、金銭感覚を養うことです。時代の流れを読み、客のニーズを読み取れるような〝商売人〟の感覚を育てることです。それが、私の考えるところの一番将来性のある料理人ということです。

常に安心・安全の「食」を提供すること

一番辛い出来事、食中毒発生

魚の鮮度は、目やエラの色などでプロの料理人なら見分けがつきます。しかし、最も恐ろしいのは、目には見えない雑菌や病原菌などです。

手洗いをはじめ、頭髪や服装を清潔に保ち、布巾、まな板、包丁などの調理道具の衛生管理をきちんとすること。そして、食材料の管理はもちろんのこと、調理加工した料理がお客様の口に運ばれるまでの間の、温度管理などを徹底することが大切です。

とくに、旅館やホテルなどの大型施設では、厨房内だけではなく、お客様にサービスされるまで、目の届かないところがないように気を配らなければなりません。

食中毒などを起こしたら、それまで培ってきた信用は一瞬で失われてしまいます。

そして、失墜した信用を回復するまでには、長い時間と大変な代価を払わなければならないことを肝に銘じてください。

外部から持ち込まれた菌で、お客様が食中毒状態になり入院

私たち料理人が一番気をつけなければならないことは、衛生についてです。人の口から入る食べ物、料理を作っているのですから、もっとも神経を使わなければならないのです。

最近の若い人は、免疫力が低下していると聞きます。その人それぞれの体質や、アレルギーなども考えると、どんなに注意しても足りるということはありません。

私が、ホテルの副料理長だったときに、予期しない出来事が起こりました。

お客様の中から腹痛を訴える人が出て、その日のうちに、バタバタと同じような症状が表れたお客様が続出しました。

病院に運ばれ、手当を受けましたが、何が原因か当初はわかりませんでした。

当然、食中毒の疑いがもたれ、検査が行われました。保健所の人たちも出動し、ホテル内の調理場がチェックされ、一時停止状態になりました。お客様を病院にお連れしたり、とくに問題のないお客様を駅までお送りしたりして、スタッフ全員が走りまわり、一息ついた頃に、今度は、フロント係の人や仲居さんなどホテルの従業員にも具合の悪い人が出てきました。きっとそれまで我慢していたのでしょう。彼らも同じ日に続々と病院に運ばれ、ついに三十人ぐらいが入院するという事態になってしまいました。

あれよあれよという間に、調理場が封鎖され、元気な調理師も一人ずつ厳しく健康状態をチェックされたのですがなかなか原因がわかりません。

結局、食材や調理場の衛生状態は問題はありませんでした。しかし、泊まり客の一人から伝染病に近い菌が発見されました。その人が持ち込んだ菌が原因だったのです。事件発生後、ホテルも一時営業停止となりました。数カ月後調理場を全部新しく作り直して、営業をスタートするという異例な事態になったのです。

こちらの方に非はなくとも、一度失った信用を回復するためには、調理場改装を含めて大変な費用がかかりました。損失も大きく多大な犠牲を払う結果になったのです。

料理人の基本《きほん》の基《き》、厨房での衛生管理の徹底

私は、いつも調理場を清潔に、食材の鮮度にも充分気を配ってきたつもりでした。不本意にも、このような事態になったとき、泣きたいほど辛かった。このときほど辛く悲しい思いをしたことはありません。事故処理に追われながら、呆然自失のような数週間だったと記憶しています。

きちっと衛生観念を持って指導してきたつもりでしたが、目に見えない様々な雑菌や病原菌がこの世の中にはあり、ともすれば、重大な病気や死に至らしめることもあると

いうことを思い知らされました。本当に怖いものだと実感しました。目に見えないものだから、どんなに注意しても追いつかないこともあるでしょう。でもこの体験以後、食中毒の管理にはさらに徹底して取り組みました。

だし汁でも足の早いものは使いまわさず、毎日の仕込みにも気を配りました。だし汁だけでなく、食材や出来上がった料理の温度管理は大切です。季節によっては室内や調理場の温度管理をきちんと行わないと大変なことになります。

また、お恥ずかしい話ですが、あるとき、タレの中にマヨネーズのキャップが入っていたことがありました。その場で上の者が気づいたのですが、早朝の仕込みで、若い者が寝ぼけまなこで仕事をしていたのでしょう。マヨネーズのチューブをキャップがついたまま勢いよく絞ってしまったそうです。馬鹿なことがあるものですが、緊張感を失っていると取り返しのつかないことにもなるので、厳重に戒めました。

調理道具についても危険なことがあります。金ダワシは、細かい金属をタワシ状にまとめた、鍋や釜などを洗う道具です。貝類や根菜類の下洗いなどに金ダワシを使う者がいます。軽くこするだけで汚れがよく取れるというのですが、私はこういう道具の使い方を厳しく叱って改めさせています。金ダワシは食材を直に洗うものではありません。金属疲労とよくいわれますが、実際に使っているうちに目に見えないような細かい金属片がポロポロと落ちるのです。細かい金属片がたとえ一ミリでも食材に残っていたら大変なことになります。

使いやすい道具だからといって、お客様の口に入るものに危険な異物が混入するようなことがあっては絶対にならないのです。

皿洗いをするパートさんもアルバイトの人々も含めて厨房で仕事をする全員が一丸となって、気持を引き締めてやらなければならないと肝に銘じた事件でした。

幅広いジャンルの料理から学べ!

王さんのラーメンスープに学ぶ

あの阪神淡路大震災は、神戸に住む人間にとって大変ショッキングな出来事でした。平成七年一月十七日の未明に起こった大震災は、大都市神戸を壊滅的にしました。とくに飲食店や食料品店も多い長田地区の火災は、あまりの火の勢いで、テレビのニュースを見ていた私も、居ても立ってもいられない思いでした。

神戸の震災を思うとき、いつも思い出すのは、王さんとの出会いです。中国料理の料理人、王さんのスープは、料理のジャンルを超えて、学ぶべきことがたくさんありました。中国料理の澄んだスープは、和食にも通じる、あっさりとしてしかも滋味深い味わいがあります。

私は、震災後に建てた王さんの店で、王さんのスープに出会い、その味について教えを乞いました。日本料理と中国料理の違いはあっても、相通じるものがあり、その後も王さんとは長いおつき合いになりました。教え教えられ、切磋琢磨する関係になっています。

和食の料理人といえども、その中にとどまっていてはいけません。おいしい料理には、ジャンルの垣根はないのです。自分の料理ジャンルだけで、自己満足していてはいけません。常に、幅広いジャンルの料理に目を向けて、学んでいくことが大切です。日本だけでなく世界中を見まわして、学び、努力していきましょう。

エスニックや中国料理などの調味料や食材を研究

平成七年（一九九五年）一月十七日早朝五時四十六分、阪神地区に激震が発生しました。多くの犠牲者が出て、ビルや住宅が破壊され一挙に平穏な日常が奪われたのです。有馬温泉も甚大な被害を受けました。お客様にお亡くなりになられた方までは出なかったものの、建物の半壊や温泉施設にも損傷が出てしまいました。阪神淡路大震災は関西、有馬に住む人間の一人として大きな出来事でした。すべての被災者にとって今も生々しい傷を残しています。有馬温泉は関西の奥座敷といわれ、大阪、神戸からのお客様が大勢訪れてくださいました。そうした常連のお客様たちが無事でいらっしゃるか、その消息も定かではないのです。でも、関西人の持ち前のバイタリティーを発揮し、復興していきました。ライフラインを断たれると日常生活がおくれません。不自由な生活をされたお客様もあり、再びお顔を拝見したときは、本当に嬉しかったです。温泉で体を休め、おいしい食事でもてなし、何としても体も心も癒していただきたい一心でした。

この不幸な災害は、もう一度、食を通じて私に何が出来るか、見つめ直す機会にもなりました。仕事に追われていましたが、災害のあとはそれにも増して、お客様に喜んでもらえるような料理の創作や工夫に打ち込みました。幅広い年齢層に合う料理や若い人たちに合うエスニック風の調味料や食材も研究しました。個性的な香味野菜、香草やハーブ類も試してみました。

また、アジア諸国の調味料であるナムプラーやオイスターソースや豆板醤などを使った複雑な旨みに魅せられ、創作料理に取り入れようと工夫してみました。その結果、分かったことは、総じてアジアの調味料や食材は日本人にも通じる味なのです。純和風でなくてもほっとする味もあるのだと認識しました。

そんなとき、テレビでも雑誌でも話題の中心になっていたのは「ラーメン」です。ご当地ラーメンやら、オリジナルラーメンやら、にぎやかに店のランキングがされて、その情報量も多くなり、世をあげてラーメン全盛時代になっていったようでした。

震災後に復活した王さんのスープに出会う

ラーメンは今や日本食であるといっても過言ではありません。お店で食べる以外に、家庭でもインスタントラーメンを食べます。ところで、このインスタントラーメンを世界で初めて誕生させたのは日本人です。日清食品の創始者で、数々の即席麺を生んだ安藤百福《ももふく》という人でした。インスタントラーメンは世界に広まり、愛されています。ラーメン好きの日本人だからこそ、和食コースのしめくくりに日本そば類だけではなく、中華風の汁麺やラーメンを出してもよいのではないかと思いました。

そこで、いろいろな口コミを頼りに食べ歩きを始めました。そして、出会ったのが神戸の王さんの店でした。

店主の王世奇さんは今でもそのときのことを話してくれます。

「テレビに出ていらしたから、大田先生の顔と名前は知っていました。テーブルについて、シンプルな汁麺を注文して、ひと口、ひと口、麺やスープをよく味わっているようでした。そして、いったん勘定を済ませて、店を出ていきましたが、すぐに戻ってきました。」

「名刺を差し出し、頭を下げて『お願いします。このスープの作り方を教えてください』

といわれたのです。私はびっくりしました。この世界ではかなり有名な料理人が、頭を下げて素直に教えを乞うというのは、尋常なことではありません。その人の器の大きさと、人柄の素晴らしさを感じたのです。私はすぐにお教えすることに決めました」

震災から三年目、王さんが店を再開して三カ月目の出来事でした。

「おまけに、ペットボトルを持って来て『これにスープをください』と言われたのにも驚きました」

その店の黄金色に澄んだスープは深い味わいがありました。同じ料理の道を歩む人間として、これはただならぬ料理人であることは分かりました。クリアで澄んだスープであるにもかかわらず深いコクがあったのです。中国料理の奥深さを知っている王さんだから、このスープには学ぶことがあると直感しました。私の求めに応じて王さんは、懇切丁寧に教えてくれました。

王さんの『江南春《こうなんしゅん》』は、食通が足しげく通う本格的な中国料理店です。王さんは、中国料理の超一流の料理人です。日本料理と中国料理の違いはあっても、それぞれの料理を通じて相呼応するものがありました。

現在『江南春』の他に、元町に『上海餃子』という店を持ち有名デパートでの出張販売の他、全国配送も行い、手造り餃子の店として人気を誇っています。

私のあとに続く弟子たちに常に言っていることですが、同じ日本料理の料理人たちだけとつき合うのではなく、フランス料理やイタリア料理、中国料理やエスニック料理など、さまざまなジャンルの料理人たちと交流を持つことが大切なのです。

その後、王さんとは長いつき合いになりました。これからもお互いにそれぞれの立場で切磋琢磨していくことで影響し合い、学び合っていくのだと思います。

謙虚な心を持つこと。たとえ評判を得る料理を作る料理人になっても慢心は禁物です。常に学ぶ心を持つこと。ひとり一人に学び、輪を広げていけば、新しい料理や人にめぐり会えるのです。

《第四章》

テレビや雑誌など
メディアの威力を活かす

情報・メディアの力を知る

TV『料理の鉄人』に大田軍団を送り込む

フジテレビ系で放映された『料理の鉄人』というテレビ番組は、私たち料理人の世界に大きな影響を与えてくれました。深夜の放送にもかかわらず好視聴率をたたき出し、人気番組になりました。番組に出演することで、一介の料理人が有名人になり、テレビというメディアの威力を知ることになりました。

料理業界や料理人の地位を上げてくれたともいえます。その宣伝効果を利用しない手はありません。

私の弟子たちも出演して大活躍。テレビ出演を契機に知名度もアップして、料理長をしている店や旅館の宣伝に大いに貢献しました。

『料理の鉄人』効果は、スター料理人を生み、その結果、料理人志願の若者が増えてきました。料理人という職業に「夢」を与えたからです。

『料理の鉄人』に出演依頼があり、番組づくりにも協力

ある日、私のところに『料理の鉄人』を観て、料理人になりたいと弟子入りを希望す

る若者が現れました。フジテレビの番組で一世を風靡したこの『料理の鉄人』は、私にとっても忘れられないエキサイティングな出来事でした。

『料理の鉄人』は、平成五年（一九九三年）から約六年間続いた超人気テレビ番組でした。「料理対決」で勝敗を決めるというスポーツのような、あるいはゲームのような要素を盛り込んだのです。

この番組を観たほとんどの人が料理人の創造性やダイナミックに動く包丁さばきに感動したと思います。一般の人には滅多に見られない舞台裏をさらけだし、スピードと技術を競うスポーツ競技のような緊迫感を与える画期的な番組だったのです。

舞台は、ギリシア時代のコロシアムを連想させる円形に組んだスタジオです。

初代の「料理の鉄人」は、フレンチの石鍋裕氏、和の道場六三郎氏、中華の陳建一氏でした。その場で発表される食材をテーマとして、時間内に何品かの料理を作りあげる料理人の創作性が、臨場感を伝えるアナウンサーのコメントとともに視聴者に興奮と感動を与えました。ドラマやバラエティーとはひと味違った緊張感のある面白い番組でした。

番組の人気はうなぎのぼりで鉄人と挑戦者たちのパフォーマンスや技術の対決が注目の的となりました。でも私たちは、テレビ番組での勝ち負けは、所詮はエンターテイメント、実力を競うよりは楽しくなければウケないと思っていましたので、テーマに沿って戦って、鉄人に負けても仕方ないと思っていました。料理人として登場し、パフォーマンスができる料理人は実際のところ、大変な実力がある人たちなのです。

挑戦者と鉄人を比べれば、挑戦者に分《ぶ》がありません。テレビに出たこともなければ、スタジオ慣れしてもいない、食材のテーマもわかっていないのです。料理人として、何が出てきても、戦わなければなりません。出て負ければ恥をかく、それは鉄人も同じだったと思います。

当時、私のもとから巣立った弟子たちは全国にいましたから、テレビ局のディレクターから出演の相談と依頼があったわけです。私と私の弟子たちが挑戦者として名乗りをあげました。『天地《あまつち》の会』を主宰する私の名前をとって『大田軍団』と名づけられ、名勝負を繰り広げました。

同じ食材をテーマに、和、洋、中国料理のトップクラスの鉄人に挑戦するのです。四人の審査員が試食して採点、総合得点で勝敗を決定します。テーマ食材とは別に、肉や魚介類や野菜類の種類も量もふんだんに用意されて、必要と思う材料が使えます。一番苦労するのがやはり、制限時間です。三～四品から五～六品を作る場合もありますが、多いからいいというわけではなく、テーマ食材の特長を生かし、味のメリハリや調理法の変化などがポイントになります。

たとえば、鯛という食材がテーマだとすると、「鯛かぶら」や「鯛のちり蒸し」や「鯛飯」といった定番あるいは平凡な料理を作るのでは勝つことはできません。鯛という食材を生かした、創造性のあるオリジナル料理を作ること。また、コース料理をイメージした献立の構成力とインパクトのある内容の料理であるということが要求されます。

つまり、月並みな料理を何品も作ってそれが大変おいしいとしても「勝ち」にはならないのです。

私が日頃考えていた、和の分野だけでなく、洋食や中国料理やエスニック料理の融合《フュージョン》なども取り入れることができるという点では、チャレンジ精神がかきたてられました。自由に自分の料理を披露して、戦える舞台を与えられたという気持ちになりました。

私の弟子たちの中で、優秀な料理人を選りすぐって、『料理の鉄人』の挑戦者として送り出しました。それぞれの店や料理旅館で料理長クラスの者たちでした。その回毎に変わるテーマ食材に果敢にチャレンジして番組を盛り上げました。貴重な「勝ち」や残念な「負け」の判定を受けましたが、出場して得たものは、大きかったように思います。

「タコ」対決で鉄人を破り、挑戦者・大田が勝利

私も平成七年（一九九五年）十二月に挑戦者として出演しました。食材のテーマは「タコ」。当時のフレンチの鉄人・坂井宏行氏と対戦しました。

まるで、コロシアムのようなキッチンで、皆が注目する中、戦いの幕が切って落とされました。用意された相当な分量の活けのタコを品定めするところから始まり、それに加えて、合わせる食材を次々に選んでいきます。

明石のタコは扱い慣れた食材でしたから、私の中でふつふつと自信のようなものが湧きあがってくるのを感じました。でも、相手は、様々なテクニックを今迄にも披露してきた鉄人ですから、油断は禁物です。もう一度、気持ちを引き締めて、頭の中で考えた料理を何品か同時進行で調理していきました。

「タコ対決」大田忠道挑戦者の料理は次の六品。活けのタコを使った個性的な創作料理です。

●「タコの紅葉和え」（明太子で和えたもの）
●「タコの和風シチュー」（味噌仕立ての鍋料理。クリームチーズなどでコクを出し、ブツ切りにした伊勢エビの具材などを食べる直前で入れます）
●「タコの木の芽田楽焼き」（海老芋をくり抜き、タコ、筍、フォアグラを炒め、濃厚な旨みを合わせたものを中に詰めてオーブンで焼いたもの）
●「タコスミ石焼き」（活け水ダコのスミに、みりん、酒を加えてソースを作り、タコを石焼きにしてスミのソースを合わせたもの）
●「タコのイボ（吸盤）の唐揚げ」（プチプチした食感とタコの甘味が味わえます）
●「タコ茶漬」（みりん、醤油をきかせただし汁、あられを加えて茶漬けに仕立てたもの）

当日の審査員は、食通で知られる有名人で、宮本亜門（演出家）、栗本慎一郎（経済人類学者）、かとうかず子（女優）、岸朝子（料理記者）の四名。「四対0」で挑戦者大田が鉄人を破って勝利しました。

料理途中の実況中継で、私が包丁を持つ手を右手と左手で使い分けたり、同時に両手を使ったりするのが、大変に珍しいとアナウンサーが解説していたようです。「力の左手、スピードの右手使い」といわれていましたが、「左きき」を直し、日々の仕事をこなす中で「両手使い」になっていたのは前述した通りです。

創作的なタコ料理とそのバリエーションの多彩さが評価され、鉄人を破り、勝つことができました。『天地《あまつち》の会』主宰者として、全国で活躍している弟子の人たちに面目も立ち、やはり嬉しかったです。

『天地の会』から多数の会員が鉄人に挑戦！『大田軍団』が誕生する

私の出演の前後に、『天地の会』の弟子たち総勢十五人くらいが『料理の鉄人』に出演しています。『大田軍団』と名付けられ、鉄人に挑戦して名勝負を生みました。吉田靖彦、黒木猷二郎、森枝弘好、井上明彦、佐藤文昭、梶本剛史、藤井修一、隈本辰利、函城弘行、山下裕輔らが鉄人に挑戦。それぞれに勝ち負けはありましたが『大田軍団』は、関西の和食の達人として認めていただけたと思います。よい経験の場を与えていただけたということと、料理人という職業に大いなる関心を寄せていただいたということが、ありがたかったです。何故なら、冒頭に書いたように『料理の鉄人』を観て、料理人にあこがれ、料理人になりたいという人が増えたのです。

プロ野球の選手になりたい。メジャーリーガーになったイチローや松井や松坂選手の活躍をテレビで観て、あこがれるようにです。子供や若者たちにとって、テレビに出るということは、ひとつのステータスなのです。そして、それにともない、人気の職業として料理人がクローズアップされてきたのは、この上ない喜びです。テレビというメディアは本当に威力を発揮します。『料理の鉄人』以来、子供たちにサインを求められたり、見ず知らずの方から一緒に写真を撮ってくださいと言われたりもしました。

和食も、洋食も、中国料理の料理人もお菓子やパンの料理人さんたちも、テレビや本や様々なメディアにのり、人気者になる人が出てきました。こうした一種の社会現象を、私は大いに喜んでいます。料理人といえども、一流の技術を持てば、プロ野球選手やサッカー選手の人たちと肩を並べるくらいの収入が得られるのも夢ではないのです。

和食の世界では料理長を花板と言いますが、テレビに出演して、花のあるスター性のある料理人が多く出てくれば、料理人の地位を高めていくことにつながると思っています。陰の存在でなく、もっとどんどん出ていくべきではないでしょうか。

一流の料理人を目指して頑張ってほしい。その結果、必ず、それに見合った収入がついてくる職業であることを伝えたいのです。

同業の仕事を客観的に見る

温泉・グルメ番組の審査員に

バブル崩壊後は、昔ながらの温泉旅館経営の方法では、残念ながら集客力はなくなってきていました。

客層が大きく変わってきているわけですから、サービスや料理や全体の内容を変えていかなければ生き残れません。かつての団体客や会社の社員旅行といった社用族とは違うのです。個人客や家族客などの個人消費のお客様が相手なのですから、きめ細かいサービスが必要とされます。

「量より質」の時代に、その旅館がその地の利や個性を発揮して、お客様に満足していただけるかが評価の最大のポイントなのです。時代のニーズが変化してきたのです。

そんな時期に、『日本温泉旅館大賞』というテレビ番組が企画されました。温泉旅館のサービスや料理に通じている私に審査員という形での出演依頼があったのです。同業の方たちの勉強ぶりや努力している姿を映像で追います。

テレビというメディアを通して、時代に合った温泉旅館の魅力をアピールすることにもつながりました。

『日本温泉旅館大賞』の審査員として同業の方たちとともに学ぶ

バブル崩壊以後は団体客が減る一方で、客層が変わり個人消費に頼る時代に入ったといえます。それまでの宴会主体の客ではなく、個人のシビアな欲求を満たすように方向転換をすることが必至でした。

個人の利用客を満足させるようなもっと実質的なきめ細かいサービスが求められています。布団の肌ざわりや浴衣の着心地などのアメニティの質を問われます。もちろん、その中でも「料理」は、最大の注目ポイントになります。

『日本温泉旅館大賞』というテレビ番組で、審査員をして欲しいという依頼がありました。何軒かの温泉旅館をリサーチして、さらに実際に宿泊し、総合的な評価をしてランキングを決め、その年の大賞を決めるのです。

全国各地の注目されている料理旅館やホテルのチェックをし、採点をするということが、どんなに大変なことかわかっています。審査員の役をお断りしようかとも思いましたが、私のこれまでの料理経験が役に立てることがあるかもしれないと考えたのです。同業者のホテルや料理旅館の料理の味やメニューの良し悪しを見極める役まわりは、とても荷が重いのですが、お引き受けすることにしました。すすめていくうちに、自分の料理人としての力を全力投球していけば、相手方の人たちも理解していただけるということがわかりました。

二十軒ほどの候補に絞って、実際に客になって宿泊することになりました。その旅館やホテルは、テレビの番組の主旨を理解して取材を受けるのですから、精一杯のサービスをします。

表と裏の審査員がいて、表の審査員は、タレントの方や女優さんや著名な料理研究家の方たちが二〜三人のグループ客として訪れます。その審査員があらかじめ用意している無理なお願いとか、突発的な注文とか、また、わざと軽い病気をよそおったりして、その旅館の対応をみます。

夜中に風邪気味になった客にはどういう配慮をするか。その客が誕生日だったら、それを聞いてどのようなサービスをするか、地元の酒やワインで一番おいしい銘柄は何かなど、はっきりと決めると都合が悪いような質問なども、それとなくぶっつけるのです。

料理の審査には、表の審査員として服部栄養専門学校の服部幸應先生などが担当し、私が裏の覆面審査員になりました。旅館の方に知らせてあるのは表の審査員だけで、同時に私や旅行評論家の先生が泊まっていることは知りません。同じランクの宿泊客なのですが、表の審査員の方たちに出すカニのほうが大きかったり、盛りがよかったり、器に差があったりして面白かったです。

夜の食事メニューは、さすがに大賞候補に入るだけあって、吟味された食材で作られた豪華な料理が並びました。

一品一品味わい、評価をさせていただきました。「天然もの」との説明があって、見てみると養殖のアワビだったりします。一般の人には見極めるのはむずかしいと思いますが、殻盛りの殻を見て、一目で養殖とわかりました。貝殻の一部が天然ものとは違う様相の箇所があるからです。同行した旅行評論家の方に、私がそのようなことを申し上げると、

「さすがですね。僕もすっかり天然ものと思いましたが、食べる前に養殖とわかってしまうとは」と、感心されてしまいました。産地の違いや食材の善し悪しなど料理人としては一番よくわかることです。

味はその旅館の場所や地域によっても違ってきます。使っている調味料も違いますから、評価するのは大変です。一品ごとの味のバランス、そして、コースになって出される料理の流れと味のメリハリなど、この旅館の料理長さんと対話するように食べさせていただきました。

料理に対して、正直な評価をさせてもらいました。一品ずつ味わい、首をかしげるようなこともありましたが、これはいいと思うときは、本当に素直に「いいですね。いい味を出してますね」と、相手に敬意を表して評価をさせていただきました。

表の審査員と裏の審査員を合わせて、総合評価が下されます。旅館の側としては、裏の審査員がいることは知らなかったわけですから随分意地悪で、よい気持はしなかったと思います。が、審査の対象になる全部の旅館に同じことをしたわけですから、フェアな審査結果であると納得していただきました。

これまでの旅館形式ですとサービスの頂点に立つのは「女将《おかみ》」です。また、現代風にホテル形式をとる場合は、それぞれの部門で分担していくことになります。フロント係、客室係、料理を運ぶ仲居さん、観光の案内係や浴室係など、全体のサービスがバラバラで一体感がないというデメリットも出てきます。むずかしい課題が山積みの中で、私が審査員をするということは貴重な体験でした。

料理を中心に評価させていただいたのですが、私は、その全部を総合的に見ていました。料理がよければよいというものではないのです。全体の印象が大切なのです。その旅館のスタッフの印象、客室の印象、心地よい環境で、いかにおいしい料理を食べて、ゆっくりと温泉につかることができるか、温泉旅館は総合的なサービス業なのです。

旅館やホテルの「料理」指導だけでなくコンサルティングの仕事が増える

『日本温泉旅館大賞』というテレビ番組を通して、創意工夫をこらし、日本で一番の温泉旅館を目指して頑張っている人たちがいることを知りました。さらに、自分の素直な意見を言わせていただいたことにも満足しています。

その後、温泉旅館のオーナーや料理人さんからいろいろな相談事が持ち込まれました。

どこを改善したらよいのか、どうしたら客を呼べる料理になるのかなどなど、コンサルティングのような仕事の依頼が多くなりました。しかし、私も会社に所属する、総料理長としての立場がありますので、個々の、あるいは会社からの相談事に応じているわけにはいきません。でも、このことで、日本の温泉旅館の実状というものを知りました。

私は『日本温泉旅館大賞』の仕事をして大変に大きなことを知りました。

一つは、テレビというメディアの力の大きさです。とにかく、テレビに出ることによって、たくさんの人が私のことを知るようになりました。前項でも述べましたが、後に始まった『料理の鉄人』でも思い知ることになるのですが、広告効果のすごさは計り知れないものがあります。テレビの他に雑誌などの取材も増えました。

もう一つは、同じ業界の人たちからの反応の大きさです。同業者は、決してお互いの奥の手や秘密を明かしません。ところが、一旦テレビというメディアが介在するとある程度のことを明かしてしまうのです。何故かというと、先にその元祖性を立証できれば、その他の人たちが同じようなことをすると、真似したことになるからです。つまり、誰が元祖であるかを印象づけることができます。

秘伝の技は「隠す」のではなく「表す」ことで、その元祖性やオリジナリティを際立たせることができるというわけです。

『日本温泉旅館大賞』はさまざまな波紋を呼びました。この番組を通じて全国各地の温泉旅館に私の存在が知られるようになったということです。

一方で、私自身の視野も広がり、客観的に個々の問題が見えるようになったのです。やるかやらないか、大変に悩んでお受けしたのですが、テレビやメディアの情報の力は大きいものでした。その後の私の仕事に大きな広がりと展望がひらけたのです。後年、旅館経営や料理についてのコンサルティングの依頼なども受けるようになり、仕事の範囲や人間関係が広がっていきました。と同時に、異業種の人や、異なったジャンルの料理人の方々との交流も多くなり、どんなに私の財産となったかしれません。

国内外に出て見聞することで鍛えられる
料理長と行くグルメツアーを主催

国内のみならず、海外のグルメツアーも多く主催させていただきました。一般のお客様をお連れするのですから充分にその土地の食材や料理を研究し、勉強しておかなければなりません。さらに、その旅館やホテルの料理人たちと情報交換し、コラボレーションを楽しんでいただけるように知恵を出し合います。

こうしたツアーの企画やプロデュースのさまざまなプロセスが、料理人として大変なプラスになりました。その土地の食文化を知ることができたからです。「井《い》の中の蛙《かわず》、大海《たいかい》を知らず」ということにならないように、常に外に出て交流を図ることが重要です。

積極的に外に出ていくと、恥をかくこともあります。しかし、それ以上に自分を磨き、鍛えられる大切な機会となるはずです。

観光と特別料理をセットに〝グルメツアー〟をプロデュース

テレビや雑誌に多く出るようになって、情報メディアの多大な影響力を知りました。

関西のテレビ局の番組では、準レギュラーになったり、全国ネットのテレビ料理番組に出て、料理人として一般の人に知られるようにもなったのです。

その結果、自分の旅館の厨房を飛び出て、いろいろな経験をさせてもらいました。

全国各地の有名な料理旅館やホテルとの交流もメディアの力を借りることで、可能になりました。お客様にいかに喜んでいただけるか、新企画を打ち出し、同業者同士で協力し合うこともできます。お互いの力を出し合っていくと、より上質なサービスで内容の充実した料理を提供していくことができるのです。

和食の料理人同士や、和食とフレンチとのコラボレーションなど、特別ディナーとして提供するイベント企画などもやり、大成功しています。

また、特別ディナーと観光旅行をセットにした〝グルメツアー〟なども主催しました。神戸を中心とした関西圏のお客様や有馬温泉の常連客など、幅広いお客様とご一緒に旅行する豪華な食事つきのツアーは、もう何回も企画していますが、定員オーバーすることもあるほどです。

最近では、「大田忠道と行く、ザ・ウィンザーホテルと定山渓の旅」を催行しました。一日目は、二〇〇八年洞爺湖サミットの会場となった、プレミアリゾートホテル「ザ・ウィンザーホテル」に宿泊し、洞爺湖観光を楽しんだ後、ディナーはホテルのフレンチ料理を味わいました。そして、二日目は、小樽で昼食と観光をした後、定山渓温泉の「章月グランドホテル」に入り、私と同ホテルの料理長藤井修一さんとで、料理の鉄人同士の特別料理を提供させていただきました。また、天地流の「節会《せちえ》料理」福来《ふく》包丁の実演も披露し楽しんでいただきました。

翌日は、「千歳・支笏湖氷濤まつり」を見学して、出発地の神戸に帰ってくるというコースです。

この二泊三日のグルメツアーは、北海道の悠久の自然と贅沢な特別料理が楽しめる盛りだくさんの内容で、一同大満足の旅となりました。私どもの日頃のお客様も多く、また一段と親交が深まりました。

グルメツアーと同時にテレビや雑誌などの企画を通して外に出ることが多くなりました。これは、私の仕事に大変なプラスになっています。

その土地の食材を研究したり、食文化に触れたり、また、その地の著名な料理人との出会い、名物料理を味わうなどすべてが勉強になります。

国内、海外の食文化を知る お客様の声を聞き、

国内のイベントにとどまらず、海外への〝グルメツアー〟なども主催しました。

中国や韓国や台湾やハワイにも行きました。テレビ局や旅行会社などが企画した〝グルメツアー〟ですが、〝大田忠道と行く〟というキャッチフレーズがつく限り、私自身が

大田軍団『天地の会』と行く「ハワイまつりツアー」

2008 年 6 月に開催した、大田軍団『天地の会』のメンバーと勉強会を兼ねた「大田軍団まつり in ハワイ」のグルメツアー。現地の料理人の方たちとの交流会を持ち、食材の知識や料理技術などの交換をしました。

充分にその土地の料理を勉強しておかなくてはなりません。

料理人として大成しても、その場にこもっているばかりでは、限界が出てきます。幅広い情報と技術などを充電する機会を作ることが大切です。

ヨーロッパで有名なフレンチの巨匠といわれる三ツ星レストランの料理長は、一年の内、二カ月くらい休暇をとって、海外に出たり、食べ歩きをしたり、勉強・充電の時間をとると聞いています。

そんな長期休暇はとてもとれませんから、私などは自分がプロデュースした〝グルメツアー〟が一番の勉強になるのです。また、お客様と同行しているのですから、料理の感想を率直に聞くこともでき、肌で感ずることもできます。

弟子たちにも内にこもるのではなく、外に目を向けて、表に出ることが重要な勉強になるということを常々言っています。

自分が料理人として、まだまだ未熟だと思っているのであればなおさらのこと。異な

大田忠道と行く済州島のグルメツアー

韓国済州島のグルメツアーの歓迎会場で主催者として挨拶をしました。

「百万一心味の旅」ということで、現地の料理人たちの歓迎をうけ、料理交流の成果もありました。

るジャンルの料理人と仲良くなって情報交換をするとか、先輩の料理人から教えを乞うとか話しを聞くとか、方法はいくらでもあるはずです。

狭い井戸の中から大海に出て行けば厳しい評価を得たり、恥をかいたりすることもありますが、自分自身が鍛えられ、視野も広まります。

《第五章》

常に食材研究を怠るな

全国各地の食材を訪ねて

「地産地消」と名産を生かす料理を学ぶ

日本の食糧の自給率はおよそ四〇パーセントといわれています。農業や漁業に従事する人たちが減って、その後継者も少ないのが現状です。食卓にのぼる半分以上の食材が海外に依存しているということは、日本の伝統的な食文化は一体どうなってしまうのでしょうか。

日本の伝統野菜や近海ものの魚介類にもっと目を向けて、地元の食材を生かすことを考えなくてはいけません。

「地産地消」のすすめです。産地で消費すれば、鮮度もよく、流通にかかる費用も要りません。

また一方で、自分の地元の食材だけに目を向けていればよいという考え方をすすめているわけではありません。

流通の発達もあり、自分の目にかなった食材があれば取り寄せて、全国各地の名産品や食材を研究することが容易にできる時代なのです。常にお客様に喜ばれる料理が出せるように勉強していくことが大切です。

地元産の食材研究と同時に全国各地の名産品や食材を勉強する

好景気の七十年代から生活もだんだん豊かになり、八十年代には、海外旅行の一大ブームでした。誰も彼もこぞって海外に繰り出し、国内旅行に今ひとつ人気がなくなってかげりが見えてきました。とくに若い人たちにアピールする新鮮な旅行の魅力に欠けていたような気がします。旅館の料理が、全国どこに行ってもあまり代わりばえがしないとの不評をいただいていたことも事実です。

その頃から、旅館の料理をどう魅力的に変えていくか、そのことばかりを一層強く考えてきました。話題の料理店を食べ歩いたり、各地の郷土料理や地元の名物料理などを勉強しました。

今では、全国に私の教え子や弟子たちがおりますので、そのネットワークで各地の情報を居ながらにして得ることができます。が、それだけに頼らず、地方に出張に行くときには必ず、その土地の生鮮食料品市場を見てまわります。気になる料理店にも足を運びます。同じ情報でも、実際に自分の目で見て、舌で味わうことが最も確実だからです。

近年、「地産地消」という言葉をよく耳にするようになりましたが、私は、ずい分前からこのことを提唱してきました。東京や京都、大阪などの大都市を中心にした食材事情に巻き込まれていることの間違いに気づく必要があります。もっと地元の名産品や、地域の特産物に目を向けましょう。

収穫量もよく育てやすく、味もよいとなれば、一つの種類の農作物が、およそ二年で日本中がその品種にぬりかえられてしまうといいます。大根を例にとれば、全国各地の在来種が、またたくまに、一品種の大根になってしまう恐れがあるわけです。全国的に栽培されている青首大根が、その代表例ではないでしょうか。

関東圏では、練馬大根や亀戸大根や三浦大根などの個性的な品種も見られなくなり、どこの市場にでも同じ種類の大根一色になってしまいました。

そんな時代を経て、今、再び在来の伝統野菜を復活させようという気運で取り組んでいる農家が出てきているのです。石川県の加賀野菜や京都の京野菜など、昔の品種を蘇らせています。地域ごとに個性のある野菜があり、それは、本当に大切な「食」の財産であることに気がついたというわけです。

野菜ばかりでなく、魚介類も地元ならではの魚種が、量は少なくとも出まわっています。また、その土地ならではの食べ方や料理方法もあります。

料理を提供してお客様をもてなす料理旅館としては、この地元産の力強い食材を生かさない手はありません。どこでも食べられる食材の料理をお出しするよりは、地元のとれたての食材をたっぷりと使った地方の特色を生かした料理や郷土料理の方が、喜ばれるに決まっています。

料理人が勉強不足で、そうした地元の食材事情をきちんと把握していないというのは最悪です。料理長クラスの人ともなれば、もっともっと危機意識を持って、地元の食材を含めて、全国の食事情にも関心を持って勉強していかなければなりません。

私はいろいろな地方に講演に行った折りや、料理教室などで出張するときには必ず、地元の食材を徹底的に研究します。早朝の市場や地元の料理店に出向き、これはと思う食材は、取り寄せる手配もします。

この土地であったら私はどんな献立の料理を作ってもてなすか、いつも考えます。そして、泊まってみてその夜に出された料理を見ると、期待とのギャップで失望することの方が多いように思います。

そうしたシュミレーションを重ねていくと、この土地でなくとも、自分の店の立地だったらというアイデア料理も考えつきます。

「地産地消」の本来の意味は、その土地で生産されたものを、その土地で消費するというものですが、私は、自分のエリアだけでなく、全国各地の食材も視野に入れています。

注文して翌日には手元に届く時代ですので、その中で目にかなったものがあれば、料理に取り入れることも多くあります。

食通のお客様にほめられた思いがけない「地産地消」の一品

ここ有馬名産の食材といえば、山椒や丹波の黒豆や松茸などの山や里の幸など数々あります。ご承知のとおり、山椒の実を使った料理には、有馬の名が冠せられて「鰻の有馬煮」や「牛肉の有馬煮」などと名づけられています。

地元の旬の食材を使った特別の料理を考えてお出しししています。たとえば、和牛のすき焼きも創作性を加味した「雲海鍋」として召しあがっていただいたり、朝食には、普通の大豆納豆ではなく、珍しい「黒豆の納豆」を添えています。

海の幸は、近海物の明石の鯛やタコ、磯の香り豊かな鳴門若布などの食材もふんだんに取り入れて、お客様に喜んでいただいています。ですが、それは、ごく当たり前のことで自慢することではありません。さらに、地元産でも自分で納得のいく食材が手に入るまでは妥協しないで取り組んでいます。

地元産以外でも、味噌、醤油、みりんといった調味料や薬味野菜や香辛料に至るまで、直接生産地やメーカーまで行って、吟味して仕入れ先を決めます。

ある時は、お客様から教えていただくこともあります。

「どこどこの土地のあの野菜が珍しくて、おいしかった」とか、「あそこの特別銘柄の醤油が香りもよく、旨かった」とか、舌の肥えた方たちからの情報なのでとてもありがたいものでした。

そうした多くの出来事の中でも忘れられないことがあります。

景気のいい時期には、高級な温泉旅館に連泊される方も多かったのですが、一泊のお客様の中にも、夜の贅沢なコース料理を召し上がっていただき、翌日の朝食メニューもそれなりに満足されたあと、昼まで滞在される方がいました。

ある食通のご常連のお客様でした。

その日、突然のことですが、「お昼ご飯には、今一番と思うおいしい料理を食べさせてください。楽しみにしてますよ」というリクエストがありました。

通常は旅館の夜と朝の献立は決まっています。昼用のメニューはとくに用意していませんが、前夜お造りで出していた食材の鯛を霜降りにしたり、胡麻漬けにして鯛茶にしたり、いろいろアレンジした料理をお出しすることをまず考えます。けれど、そのお客様には、何度もそういうお料理を出していましたので、そうでない何か別の、「一番うまいもの」を要求されているのだと感じ、困り果てました。

私はハタと思いつき、裏の畑に行ってほうれん草を摘んできて、「お浸し」にしてお出ししました。

ほうれん草の茹で上がりの色は、さえざえとして目にも鮮やかで、香りのよい削りたての鰹節をパラリとかけた「お浸し」は、お客様を感激させてくれたようです。「これは、今まで食べた何よりも新鮮で素材そのものの味だ。本物のほうれん草の料理だね」と大変ほめられました。

すぐ裏の畑で太陽と朝露をいっぱい浴びて、葉は柔らかく茎はシャキっと育ったほうれん草のみずみずしい味が、食通のお客様をうならせたのです。

あまり手をかけなくても穫れたての野菜そのものの味がおいしければ、それこそがご馳走。思いがけない「地産地消」の一品でしたが、自分のすぐそばにある元気よく育った食材に、もっと目を向けるべきだと思い知らされました。

まさに「灯台下暗し《とうだいもとくらし》」。身近な食材をあなどってはいけません。「地産地消」を考えるとき、このことを思い返してみます。

食材の「旬」は変化する！

時代に合った季節感と旬の料理

日本料理は、季節の食材の味を重んじて献立を構成します。

日本以外の国でも、もちろん季節に合った料理を食べているとは思います。が、日本ほど際立っている例は少ないでしょう。春、夏、秋、冬の四季がはっきりしていること、そして、南北に長い日本の伝統的な地方料理には、季節の味がしっかりと感じられます。四季折々に豊かな食材があり、季節感にあふれる料理が食卓を彩っているのです。

日本料理の季節感と旬を大切にした基本ルールは、和食の料理人にとっては守るべき第一の命題です。しかし、問題なのは、「食材の旬は変化している」ことです。養殖ものやハウス栽培など食材の生産方法の進化が影響しているのです。いつの時代にもその変化を見極めたうえで、季節感を演出していくことが大切です。

江戸時代に完成度を高めた日本料理の「旬」と「調味料」

保存方法や流通が発達していない、江戸時代の食生活はどうだったのでしょうか。ちょっとタイムスリップしてみましょう。

今から二百年も三百年も前のこと。食に関しては成熟しているのです。たとえば、山本周五郎の小説に出てくる一般庶民の長屋の台所仕事は今の食卓と変わりません。活きのいいアジを振り売りの魚屋から買い求め、さっと三枚におろして、そぎ切りにし、生姜酢をまわしかけた小鉢と、朝のうちに売りに来たアサリでこしらえた味噌汁ときゅうりやなすの浅漬けなどが初夏のご膳にのります。また、池波正太郎の時代小説でもおなじみの小鍋仕立ての「ねぎま鍋」や「煮奴」や「みぞれ鍋」など旬の料理や酒肴が庶民の食卓に並べられています。

庶民から武家までに読まれた『料理物語』や『百珍もの』などの料理書も多く出版されています。また、巷《ちまた》には、高級料亭が軒を並べ、富裕層の商人や武家の客が訪れています。江戸時代料理屋番付の勧進元の『八百善』には、ときの将軍まで度々お忍びで訪れ、当時の贅を尽くした料理に舌つづみを打っているとの評判です。

江戸時代に完成した日本料理は、調味料の進化も大いに関係しています。日本は海に囲まれていますので、上質の塩がとれるのはもちろんですが、この時代に、味噌、醤油、酢、みりんなどの調味料が全部出揃い、大活躍して豊かな味の料理が生まれています。主食の穀物類に加えて、魚介類も豊富で野菜類も充実しています。世界中を見まわしても、江戸ほど生活レベルの高い都市はなかったといわれるほどですから、たいしたものです。

江戸時代の食生活をかいま見て驚きます。今の私たちの食卓に出てきてもおかしくない料理がすでに作られ、食べられているのです。

車やパソコンはなかったかもしれませんが、「食」についていえば、今と比べてまったく、遜色のないものだったのではないでしょうか。江戸時代にほぼ完成した日本料理は、現代でも誇れる多くの名料理や季節料理を私たちに伝えてくれています。

四季によって、苦味、辛味、酸味、甘味など…求められる味を強調する

暖かい、暑い、肌寒い、寒い……春夏秋冬の季節と微妙な気温の変化は、体に感ずるだけでなく、味覚にも影響してきます。

季節と味との関係は、料理人にとっては大切なことです。四季によって、日本料理の味つけを変えているのですが、それは温度や湿度などが関係してきます。一般的に同じ料理でも季節によって微妙に味つけを変えて、食べやすいようにしているのです。

春は苦味、夏は辛味（塩）、秋は酸味、冬は甘味の勝った食味を体が求めているのです。

春には山菜や筍などのほろ苦い味やエグ味などが心地よい食味で、これは生命の芽吹きの味そのものなのです。

夏は暑く、汗で流れ出る水分を補うためにより多く水分をとります。その結果血中の

四季の「酒肴盛り合わせ」と「前菜盛り」

印象に残る最初の料理の前菜や酒肴は
個性的な演出で季節感を強く表現します。

春

山菜の揚げ物や和え物など春の息吹を感じさせる酒肴を摘み草風の篭盛りにしました。

夏

青柚子の手作り風鈴で涼感を演出。彩り夏野菜の冷やし鉢はガラス皿に盛りました。

秋

大根でうさぎを作り、お月見団子の餅つきを表現。小芋や栗など実りの秋景色の前菜。

冬

雪囲いのお造り小鉢、柚子釜盛りの和え物など三点盛り前菜。片栗の雪に寒椿を添えて。

塩分濃度が薄くなる分、塩分を求めます。塩味をきかせた味やピリ辛の刺激のある味が好まれるのです。

秋は、木の実やきのこなどが旬です。こっくりとした濃厚な味には柑橘系の酸味が合います。酢橘《すだち》や柚子を絞ったり、香りを添えると食欲をそそります。

また冬は、やや甘味のある味が合っています。味噌汁についても、夏は赤味噌でさっぱり感を出しますが、冬は甘味のある白味噌でまったりと仕立てて体の芯まで温かくする工夫をします。体を包み込むようなやさしい甘味に加えて、酒粕仕立てや葛あんかけなど、とろみのある料理なども好まれます。

日本人の味覚には、日本の四季がしっかりと刻み込まれているのです。

私たちの脳裏に刻まれた「旬」という大きなルールは変わっていないのです。ですが、旬のものとされていた食材が一年中出まわっていたり、暑い夏も冷房がガンガンきいていたりすると、四季の季節感もなくなりつつあることは否めません。

旬の食材が一年中出まわっている今こそ「季節感」や「歳時記」を大切に

ハウスものといわれる温室栽培や品種改良などで「旬」の食材といわれたものが今や一年中作られています。また、流通の発達から、魚介類や野菜類も生産地ごとの出荷時期の差によって、年中入手できる食材となってきています。

春の山菜や若筍、初夏の鮎やハモ、秋の松茸や冬場のフグやカニなど、旬のものを旬にしか味わえない……という絶対的な季節感はなくなりつつあります。

とはいえ、日本人に刷り込まれた四季のイメージは日本料理の最高のシズル感であり、五感を刺激する重要な要素であることは今も変わりはないのです。

日本料理を提供するものとして、季節と行事を含めた「歳時記」は必須のアイテムです。「季節感」を料理に表すということを努々《ゆめゆめ》忘れてはいけません。

今後一層、料理に求められるのが「季節感」だといっても過言ではありません。「新・季節感」ともいうべきものは食材だけではなく、料理の器や盛りつけや演出などで表現できるのです。

私の経営する料理旅館では、五節句をはじめとする季節を彩るさまざまな年中行事に合わせて、思いっきり「季節感」を料理に反映させています。

一月七日（人日《じんじつ》）に始まり、三月三日（上巳《じょうし》）、五月五日（端午《たんご》）、七月七日（七夕《しちせき》）、九月九日（重陽《ちょうよう》）の節句の五節句はもちろん、季節の行事にちなんだ料理をお出しします。しかもオリジナルで斬新なアイデアを常に盛り込むようにしています。節句料理を知らないような今どきの若者にも強く印象に残るような料理にしたいからです。

重陽の節句は、お月見の季節でもあります。「秋の七草」をイメージした前菜や、お月見にちなむ「うさぎ」を型抜きした大根をあしらった八寸に、菊の花びらを浮かべた日本酒を添えます。松茸や銀杏の吹き寄せや栗ご飯はもちろんのこと、柿釜料理や菊の花

四季折々に客を楽しませる創作「刺身料理」

旬の魚はもちろんですが、
一年中出まわっている魚種のお造りも
季節感を強調した演出をしましょう。

春 秋

鯛の姿造りは量感もあります。春は桜鯛、秋は紅葉鯛に仕立て盛りつけに変化を。

夏

冬瓜を使った釜盛りで夏の季節感を演出。氷室造りで涼感を高めています。

秋

幻の魚ともいわれる希少な鮭児（ケイジ）のお造り。そぎ造りと焼き造りの二種の味に。

秋 冬

キンメダイのそぎ造りを南瓜釜盛りに。柿の葉や木の実をあしらい変化をつけます。

の和え物など、膳の上に秋の風情をたっぷり盛り込んだ料理をお出しします。ときには、炭火を持ち出して、客前で松茸や伊勢海老を焼いたり、秋の香りも充分に演出し、季節の味を堪能していただきます。

テーブルセッティングにも季節感を強調した「しつらえ」

「旬の料理」を引き立てるには、器や盛りつけなどの演出も大切です。器については、伝統的な美意識をベースにして、創意工夫をこらすことなどを考えなくてはなりません。ここでつけ加えたいのは、料理をお出しするときのセッティングや「しつらえ」といったものにも気を配り、季節感を演出してほしいということです。

私の経営する料理旅館では、テーブルセッティングには必ずオリジナルの掻敷紙や掛け紙などを使用しています。

有馬温泉の四季折々の自然や風物詩を表現した墨絵に俳句を書き添えたものですが、これがお客様に大変喜ばれています。

掻敷紙にあしらった有馬天神社の境内や夏祭り、秋の紅葉と鼓ヶ滝や六甲有馬ロープーウェイなどの墨絵のイラストや季節の俳句を、料理が出てくるまで、見て楽しんでくださっています。

紫のさまで濃からず花菖蒲
風吹けば来るや隣の鯉幟《こいのぼり》
紫陽花の花に日を経る湯治かな
招かれて祭の店に並びけり
夏山に家たゝまりて有馬かな

花すすき寺あればこそ鐘が鳴る

これらの俳句や墨絵は、私の昔からの友人の手になるものです。趣味で始められたようですが、なかなか味わいがあるとお客様におほめの言葉をいただいております。書も専門の書家ではありませんし、絵も自己流のようですが、いつのまにか、私の旅館のトレードマークになっていて、季節を感じさせてくれる名脇役になっています。人様の好意をありがたく受けとっています。

有馬温泉の由来や料理の説明なども手描きにしたものです。ランチョンマットや掻敷にしています。これを旅の土産にと、お持ち帰りになるお客様もいらっしゃいます。大変嬉しい限りです。こうした「しつらえ」やテーブルセッティングなどにも最大限に季節感を折り込んで、旬の料理を印象づけるようにしています。

旬や季節感のない日本料理はありえません。しかし、昔と今とは、明らかに事情が変わっています。時代に合った食材と旬の変化を受けとめ、料理を作るうえでさらに強く打ち出し、創意工夫をしていくことが必要です。

食品会社や生産地の要請から

新食材や商品開発に取り組む

いろいろな情報をキャッチして時代を知ることが大切だということを、事あるごとに言ってきました。中でも、新食材や新しい調味料などの情報をいち早く知って、これはと思うものは取り寄せて料理の試作をしたり、研究することを怠ってはいけません。

料理長クラスの料理人ともなれば、常に新しい食材や料理法を勉強しておかなければ、いざというときに役に立ちません。

日本料理における伝統というものも先人の知恵や工夫の積み重ねです。中国やその他の国から伝来した食材を取り入れたり、料理法を学んだりして築きあげたものです。

新しい調味料や新商品の開発なども食品メーカーや企業の方から依頼されることもありますが、私はすすんで取り組み、研究して創り出した画期的なヒット商品もあります。

技術や知識を磨いて、そうしたことに積極的に取り組むことで、未来の「味」や「料理」の新しい道を切り拓くことができるのです。

「八方だし」に「鶏だし」をブレンド
コクのある「新・八方だし」を商品化

私のところには、絶えずいろいろな相談ごとが持ち込まれます。新しい食材をはじめ、最近復活した伝統野菜の使い方や応用料理の創作などについて。また、日本料理だけでなく、洋食や中国料理の調味料の開発など多彩です。新商品の試作料理などを頼まれることも多く、その都度いろいろなアドバイスをしております。

また、新しい調味料や新商品そのものの開発を依頼されることも少なくありません。

数年前のことですが、ある企業の人との出会いがあり、私がかねてから考えていたアイデアを話すと、即座に反応してくれた人がいました。従来の八方だしに鶏だしをブレンドした「新・八方だし」の商品化です。

「その商品は、私どもの方でも考えていたのですが、なかなか実現に至りませんでした。

大田先生に商品開発をお願いしたいのですが、よろしくお願いします」

と、深々と頭を下げられました。

日本の鰹だしメーカーでも、一、二を誇るY社の担当者Fさんです。長く親交があり、そのアイデアをすすめてくれた料理教室の企画や広告企画などを手がけるM社のHさんや出版社の広告担当のAさんとともにそのプロジェクトが動き始めました。

「八方だし」という万能だしがあります。日本料理の世界では長く重宝がられて、だし汁のベースになっています。昆布とかつお節のだし汁をベースに酒やみりんなどの調味料を加えたバランスのとれた「八方だし」は、だし汁の使い勝手では一番のエースです。

しかし、その当時私が考えていたのは、鶏のだしを加えて、さらにコクのある八方だしを作ることでした。野菜や魚介類の味も昔ほど力がなく、持ち味を生かす工夫をしても頼りないという実感がありました。私のところでは、その時分に鶏ガラベースのだし汁を加えたり、複合だし汁を何種類も工夫していましたので、すぐに行動に移しました。

かつお節の生産地、Y社の本社である愛媛に向かいました。実際に吟味したかつお節から抽出した香り高いだし汁に合わせる鶏だし汁をいろいろ研究し、その割合などを試行錯誤しながらすすめました。

実際に試作してこれだ！　と思ったのが、特定JAS認定地鶏第一号の「阿波尾鶏《あわおどり》」です。コクがあり、雑味の少ない阿波尾鶏のだし汁です。淡い上品な旨味のかつお節ベースのだし汁にこの鶏だしをブレンドして、力強い「新・八方だし」が生まれたのです。炊き合わせや麺つゆ、鍋やおでんなどのだし汁の他、幅広く使えるこの新しい八方だしは、プロの料理人に喜ばれました。このだし汁を各個店ですべて手づくりすると、原材料費や光熱費もかかります。この商品は手間もかからずロスもなく、ただ水でのばすだけで手軽に使えるのですから、大変な評判を呼びました。また、当初は業務用でしたが、一般家庭用にも市販され、その後も類似の商品が生まれるほど画期的で影響力のある仕事になりました。

これは一例ですが、その後もさまざまな調味料や食品メーカーから商品開発を依頼され、協力してきました。

私が日頃考えている、こんな調味料や食品があったらいいな、と思うことが実現できることは嬉しいことです。創造力を刺激し、持っている技術や知識を投入し、よりよい製品を生み出す。料理人としてこれ以上の喜びはありません。

海外の企業からの要請で、食材の活用方法や創作料理を提案

中国や韓国やフランスなど海外にも出向いて、新食材の情報を集めてくることもしばしばあります。

もう随分前のことになりますが、中国食材の絹笠茸や魚の乾燥浮袋、香港のジャンボ

シャコや寄せ豆腐、韓国では、高麗人参や激辛の唐辛子、台湾ではタピオカなどその地で出会った興味のある食材を日本に取り寄せて、味を和風にアレンジして料理にしました。

タピオカはデザートや吸物に仕立ててみたり、オリジナル料理を作りました。まだ激辛ブームがおこっていない頃にも、唐辛子を効かせたスープや高麗人参の鍋物なども考案しました。和食の中に薬膳料理を取り入れて評判を呼び、プロの料理人たちからも注目されたものです。景気ものぼり坂の昭和五十年代のことでした。

海外といえば、つい最近でも、A出版社を通して、台湾のある企業から相談がありました。台湾では有名な烏骨鶏《うこっけい》や地鶏の飼育生産・加工を行うK社からの依頼でした。日本での烏骨鶏の販路を模索して、中国料理や日本料理など広く活用できるようなアドバイスをいただきたいということでした。

私は台湾の生産地に行き、その場でいろいろテストして試作してみたいと思い、すぐ

台湾の企業の要請で「烏《う》骨《こっ》鶏《けい》」の料理指導

台湾のテストキッチンでデモンストレーション。メディアの取材があり、現地でも話題を集めました。

台湾で有名な中国料理の料理人とも交流し、料理を披露しました。

さま台湾に飛びました。驚いたことに、台湾のK社では、私が現地で料理のテストをしたいという主旨を受けて、立派なテストキッチンをわざわざ作って用意してくれていました。

飼育の方法や鶏肉加工の工場などを視察したのちにテストキッチンで、烏骨鶏を使った料理の試作をし、デモンストレーションをしました。そのニュースを聞きつけたテレビや雑誌などのメディアも取材に来て、一大イベントになりました。

烏骨鶏の皮が黒いところが料理としてやや嫌がられるきらいがあります。しかし、烏骨鶏は滋養に富んだ漢方食材として古くから珍重されています。この貴重な烏骨鶏は、健康志向の日本の食生活にも充分に受け入れられると私は思っています。黒米や黒ゴマ、黒酢、黒糖など黒い食材は今、ヘルシーフードとして注目されているのですから、「黒」をキーワードとして、烏骨鶏はもっともっと普及してもよい食材だと信じています。

日本へ進出し、烏骨鶏の販路を広げたいという社をあげての並々ならぬ決意と情熱を感じ、私も熱を入れて取り組んだのです。

このように国内外の企業や食品メーカーなどから、さまざまな依頼があります。時間の許す限り、その都度真剣に取り組んでいくことで、新しい食の提案ができます。

時代に沿ってとどまるところを知らない食のトレンドを受けとめながら、食生活向上の一端を担うことも、私の料理人人生に与えられた使命だと信じています。

常に向上心を持ち、慢心せず努力すること。そして、新しいことに挑む「チャレンジ精神」を失わないこと。これからの料理人にとって最も大切な心構えといえます。

《第六章》

『天地《あまつち》の会』を育てる

料理人はお客様に最善を尽くす

「私の心構え十カ条」

平成十四年、永年の夢であった料理旅館『四季の彩《いろどり》　旅籠《はたご》』を開業することができました。『天地《あまつち》の会』の道場として開設した『御馳走塾《ごちそうじゅく》　関所《せきしょ》』で働く料理人たちも育ってきたので、いよいよ料理修業の実践の場としてふさわしい料理旅館を持つことにしたのです。

その折りに、私の料理人としての心構えを整理し、まとめてみました。料理を提供するお客様へ最善を尽くすという約束であり、私の決意でもありました。

「私の心構え十カ条」
一、私は、いつでも、何処でも、誰にでも、笑顔で挨拶をします。
二、私は、全ての弟子に公平に接します。
三、私は、弟子たちの健康管理に気を配り、
チームワークのよい規律ある明るい職場を作ります。
四、私は、創意工夫し、出来ない理由を言う前に、できる方法を考えます。
五、私は、協力していただく人たちに感謝し、よりよい関係を築きます。

六、私は、常に仕事の改善に取り組み、品質の向上とコストダウンを図ります。

七、私は、整理、整頓、清潔に努め、安全かつ清潔な職場を作ります。

八、私は、自己啓発に努め、自分自身の成長を促します。

九、私は、全ての人との会話に努め、情報を身につけます。

十、私は、結束して、料理研究に努め、料理界のトップをめざします。

以上の十カ条を私の心構えとして表明しました。

自己啓発に努め、お客様に満足していただける料理を提供する

料理人の道は厳しいものです。技術が第一にあることはいうまでもありませんが、技術を修得するまでには、人間関係やさまざまな問題をクリアしなければなりません。ほとんどが、心の問題、精神的なありようが投影されるのです。

十カ条の八番目にあげた、「自己啓発に努め、自己の成長を促すこと」が肝心で、心構えの原点にあたります。

他人に頼るのではなく、自分自身の成長がなければ、自立はできませんし、ましてや人の上に立つこともできないのです。社会に出て、成長する道があるとすれば、ここにあげた十カ条は、どれも大切でむしろ当たり前のような事柄です。

ですが、一つ一つを守り、実践している人がどれだけいるでしょうか。「言うは易《やす》く、

行うは難《かた》し」です。

私もその一人であるかもしれません。ゆえに、自戒をこめてこの十カ条をいつも心に掲げています。

この世界に入って、およそ四十余年、どれだけの人と出会い、また、弟子を育ててきたかわかりません。しかし、原点に戻ると謙虚になります。

初心に戻ることで素直になり、見えてくるものもあります。

リーダーとして料理長として、采配をふるう立場になったとき、前掲の「私の心構え十カ条」を改めて、自分自身の座右の銘として心に刻み込みました。

そして、料理人の心構えとして、お客様に対しても表明することにしたのです。この「私の心構え十カ条」がある以上、自分自身の慢心も許されません。

弟子たちの技術を高めるということが大前提なのですが、それは人間を育てることに等しいといっても過言ではないと思います。基本的なことは、どの世界でも同じです。

お客様に対して誠実な料理人でありたいと思い、また、私を慕ってくる若者たちを一人前にしようとするとき、「私の心構え十カ条」を守る決意は今でも変わりません。料理人として一人前になるということは修業の年月と必ずしも比例しないのです。心がけ、心構え次第で個人差が出るといわざるを得ません。ただ、どの人間にも長所、短所があるのですから、ここのところを見てあげなくては、人を育てることはできないでしょう。

お客様においしい料理を提供して喜んでいただく。これが、私の料理人としての喜びでもあります。どんなによいと思う料理でも召しあがる人の口に合わなければそれまでです。百パーセントが理想ですが、七割方の人を満足させることができるという自信を持ちつつ、精進していくのが私の信条です。

確かな腕を持っていても仏頂面でお客様に対応する料理人がいたらどうでしょうか。お客様の気分も悪くなり、料理の味も半減するとは思いませんか。

料理長とその修業中の料理人のチームワークもよくとれていて、よい人間関係であること。そして料理に対して、いつも創意工夫をこらし、よりよい味を追求すること。そして、お客様との対話を重視し、気持よく料理を味わっていただけるようにすること。そうした一本の道筋が通っていることが、私の理想とする料理人なのです。

料理人も男女共存の時代、助け合い、ともに成長していこう

「私の心構え十カ条」は、やや高いハードルを示しているのかもしれません。これは正しい考え方であり、理念ですから、どんなに高くしても構わないと私は思っています。

もし、お客様から思うような反応が得られなかった、料理やサービスがマンネリになってきたなと感じたその時に、この「私の心構え十カ条」の一つ一つを見直し、反省し

てほしいのです。その壁や悩みや問題を解決に導いてくれることでしょう。

また、最近は、女性の料理人志願者もいます。料理人は肉体労働でもあり、体力的にも若い女性がその修業に耐えられるのかと心配もしました。

しかし、時代の流れでしょうか、軟弱な男性が増えてきているとも聞きます。女性の方が気も強く、根性があるといわれます。まあそれは、どちらが強くても、弱くても男女は共存して、助け合っていくのがよいと信じていますので、仕事の場もオープンにして女性を受け入れていくことに賛成です。

『天地の会』にも女性の弟子がおりますが、よく頑張ってくれていると思います。男の人に囲まれて修業するのですから、辛いこともあるでしょう。でも、私はいつも言っています。

「男女平等やからといって、何もかもが同じでなくてもいい。体力は男の七～八割しかないと思って周りが助けてやれ。女性の持つ柔軟性のある考え方や料理に関するセンスは、男より上かもしれない。よく見ていい所は伸ばしてやって欲しい」

飲み会やお疲れさまで一杯やるときに同じ料理人仲間の女性をホステスみたいに扱うことも絶対にいけません。仲間なのだからお互いを尊重しあうことです。また、女性の料理人がいることで、職場の空気もよくなることもあります。

これからの時代に、私たち料理人の世界にももっともっと女性が進出してくるはずです。うまく折り合いをつけて助け合って、成長していくことを希望します。

現代っ子の個性を生かして育てる
目標を定めてプロを目指せ

飽食の時代に育った現代っ子たちは、味覚が鈍くなっていると言われています。食べ物が豊富でも、本物の食材の味を知らないからです。親から子へ、家庭に伝わる味も貧弱になり、出来あいの総菜パックが食卓の主役になっているのが現状です。

料理人を目指すなら味覚を磨く努力をする必要があります。修業も昔ながらの方法がよいとは限りません。それぞれの個性に合わせて、パソコンやデジカメなど先端の機器を使って記録したりするのもよいでしょう。自分にあった勉強方法を考え、目標に近づくよう努力することです。

〝味覚ボケ〟が多くなっているおふくろの味を知らない現代っ子たち

今の子供たちは親の料理を食べたことがないのではないでしょうか。もちろん食べてはいるでしょうが、きちんとした「家庭料理の味」、「おふくろの味」というものを知っているとは思えません。また、それぞれの地方の「郷土料理の味」も知りません。まかない料理を作らせても、初歩的な家庭料理の味を知らないので、味噌汁さえも作れないのです。

スナック菓子や出来あいのお総菜ばかり食べていると、口の中が荒らされて、味覚がわからなくなってくるのです。

〝味覚ボケ〟というか、甘いか辛いかはっきりした味はわかるけれど、食材の持ち味とかがわからない。本当に困ったことです。幼い頃に身についてしまった味覚のボケは、直りにくいといってもよいでしょう。

料理の仕事で生きていきたいと目標を決めて、味覚や舌で勝負しなければならないというのは大変だと思います。

料理の世界が本当にどういうものかわからない子も多いのです。テレビで観て、「料理人が格好いい！」と意気込むだけでこの世界に入ってきても無理があります。そんなに甘い世界ではありません。

料理人になりたいという子供の意志を尊重して、親が調理師学校に入れさせるというのはもちろん間違ってはいません。が、親が甘やかして、とりあえずどこか専門学校でも行かせようという考えなら少し違ってきます。

自分の目標に向かって早いうちから料理屋に入って修業してほしい。

「自分の好きなこと、自分の目標があるんだったら、野球選手といっしょや！」といつも言っているんです。いつでもレギュラーになれるよう猛練習する、甲子園に出たい、プロになりたい、メジャーリーガーになりたい。そう思ってこの世界に入ってきなさい。

料理の世界でプロになり、イチローや松井みたいにメジャーになる！　それくらいの意気込みでやりなさい。イチローや松井のように並はずれた才能があっても、見えないところで血のにじむような努力をしていることはわかりきっています。野球の世界だからと他人事のように思ってはいけません。料理の世界も同じことです。才能や能力を伸ばす、個性や創造力を伸ばす。いずれも、一朝一夕《いっちょういっせき》にはできないことです。実地に修業する中での勉強と努力が最低でも必要です。プロになるからには、夢もあります。その夢を忘れずに、一日一日を大切に勉強していってください。

便利なメモ道具を使ってもよし、毎日の仕事で技術を身につける

私が修業した頃と時代は変わってきているのです。これからの料理人の修業は、年月ではないのです。個々の人間のやり方次第で、十年で修業することを五年や三年に縮めることが可能なのです。

弟子の中には、たえずメモをとり、デジカメなどで料理を撮影記録して勉強する子がいます。親方によっては嫌がるかもしれませんが、仕事の流れを妨げるようなことさえなければ、私は大いに結構だと思っています。忙しい仕事の合間にすぐに頭に入れて記

憶することは難しいものです。疲れ切って一晩寝てしまうと、昨日の大事なことや技術のポイントなども忘れてしまいます。

メモをとったり、超小型のＩＣテープレコーダーを使っている弟子もいましたが、どういう方法にせよ、忘れないこと、記録することは大切です。自分のメモを整理し、それを見ながら勉強することができるからです。

自分の身につくように仕事に取り組むこと。時には、人より遅くなっても構いません。正確な技術を身につけ、結果をよいものに近づけていくことが大切です。

料理長は現場の指令塔

人より早く職場に出て、的確な指示を出す

料理旅館の料理長は、朝が勝負と言っても過言ではありません。夜の食事と同様に朝食にも料理長の腕をフルに発揮できるようにします。朝一番に来て的確な指令が出せれば、その日一日がスムーズに流れていくはずです。

料理人の仕事の分担や役割を指示し、リードしていく料理長としての責任は重い

ものがあります。
調理場に立って陣頭指揮をとりながら、いつでもお客様にご挨拶ができるように
スタンバイしていなければ料理長失格です。

一般の料理店と料理旅館の料理長とでは時間配分が違う

一般の料理店では、一番下の人が一番早く店に出て、洗い場や下準備の仕事をするのが普通です。同じ料理長でも一般の料理店と、大型の料理旅館やホテルとでは仕事の内容が違います。

旅館の料理長は、朝一番に来て、下の者に指示を出したり、お客様への対応をしなけ

ればなりません。大型旅館では、一日に百人も百五十人ものお客様を迎えます。時には、お客様の予定変更や突然の要望によって、食事の時間や内容を変えなくてはならないこともあります。

旅館の食事は、夕食だけではないのです。夕食で満足していただいても、翌日の朝食が味気ないものだったら台無しです。好印象だったものが百八十度変わってしまいます。夕食だけでなく、最後の締めくくりである朝食のおもてなしが重要になるということがわかっていない料理人が多いのです。絶対に手抜きをしてはいけません。

早いお客様は、七時にはもう立たれる方もいらっしゃいます。お風呂をあびていただき、お腹の空いたところで、羽釜で炊いた炊きたてのご飯と熱々のふんわり焼いただし巻き卵など、自慢の客前料理も加えてお出しするのですが、こうした朝食の段取りを間違いのないようにつけ、出発時間に合わせて準備しなければなりません。

料理長になったからといって、下の者に任せておくというのはもってのほかです。朝一番に出てくるような心構えでなければなりません。

また、朝食だけでなく、日帰りのお客様用の昼の食事を用意することもあります。最近の料理旅館では、昼食を含めた「日帰り入浴」のメニューを採用しています。宿泊しなくても、お手頃な価格で温泉を楽しむことができ、希望があれば昼食も提供するというサービスです。旅館の格に合わせて料理もきちんとしたものをお出しします。そうした昼客も計算に入れて段取りをするため、午前中が大事な時間で、気の抜けないところです。

さらに、お客様の求めに応じて、ご挨拶や出発のお見送りもできるようにスタンバイして、女将や仲居さんたちと連携プレイをしていきます。宿の印象を決める朝のサービスを滞りなく仕切るためには、料理長の存在が不可欠です。料理長クラスになると、下の者に任せて、つい気持ちにゆるみが出てくる人も多いのです。

朝から全体の仕事の流れを見てチェックし、滞りなく進めていく。料理長は大事な指令塔です。それぞれの料理人が仕事の責任を果たしているか、気をゆるめてダレていないか、監督を怠らないようにします。料理長が朝遅いのはダメです。朝に出て来ない料理長がいる旅館は、いずれは大きな問題が出てくることは間違いありません。そのことを肝に銘じてください。

「百万一心味」に込めた包丁人生

「節会《せちえ》料理」の伝承や勉強会を持つ

『天地《あまつち》の会』と「兵庫県日本調理技能士会」で、現在七百～八百人の調理師を擁していています。北は北海道から南は九州まで、全国に会員がおります。また、その弟子たちが育っているので、ずい分と大所帯になってしまいました。

お互いの技術の向上と情報の交換などとともに、お客様に喜ばれるようなイベントを企画したり、伝統的な「包丁式」「節会料理《せちえ》」などの伝承にも努めています。

会員同士の和を大切にし、技術面だけでなく、義理・人情にも厚い精神面の向上も大切にしています。

私の包丁人生を「百万一心味《ひゃくまんいっしんみ》」という言葉にこめて、料理人を育てていくとともに会員相互の技術の研鑽《けんさん》に努めていきたいと思っています。

お客様に喜ばれるために
心を合わせて作る「百万一心味」

『天地の会』の幹部の人たちとの勉強会は、国内はもとより、台湾や香港、韓国などでも行っています。現地の料理人たちの要請で、料理講習会を開催したり、また、他のジャンルの地元の料理人の人たちとも交流を図っています。

料理講習会やコンサルティングの仕事で出張するときには、必ずその土地の弟子や会員の店に立ち寄るようにしています。

一度巣立っていった者でもまだまだ勉強し、成長していってもらわなければなりません。全国各地の料理旅館の料理長クラスの弟子たちが、私にファックスや電話で相談してきます。季節ごとのメニュー構成や献立、料理人の異動、オーナーやお客様とのトラブルについてなどなど、相談内容は多岐にわたります。

私の経験から得た知識をもって、その時々にアドバイスをします。空に舞う何百もの凧《たこ》の糸を握っているようなものです。風向きや風の強さによって凧の糸を引き締めたり、緩めたり気が抜けません。せっかく大空にはばたかせたのに、クルクルとまわって地に落ちてしまう凧や木の枝にひっかかる凧があったり、ままなりません。私の持つ糸の加減で気持よく大空を舞ってもらいたい。弟子と私との絆《きずな》をいつも感じています。

大田軍団『天地の会』の定例勉強会

平成19年度(2007年)の『天地の会』勉強会では、コンピュータ管理や仕入れの勉強がテーマ。毎年、メンバーが料理長をしている旅館に集まり研鑽を積んでいます。

勉強会の夜の懇親会でも、料理の話が続きます。

私は、「包丁人生　百万一心味《ひゃくまんいっしんみ》」という言葉を座右の銘としています。私の創った言葉です。

人は一人では生きていけません。一人で生きているようでも、いろいろな人の力や助けを受けているのです。料理も同じです。一人で料理を作るよりも何人もの人との交流で、一人より十人、十人よりも百人で一緒になって作ればいい味が出るという思いをこめた言葉です。皆で心を合わせ、チームワークを大切にし、多くの人で一つの味を作りあげる。それが、お客様に喜んでいただける料理作りの真髄だと私は思っています。また、自分一人で考えて、自分一人で作っているというような天狗になっていてはいけないという戒めの意味もあります。

神事や慶事、記念日のイベントに天地流の「節会《せちえ》料理」福来《ふく》包丁を伝承

伝統のある日本料理には、食と神事との関わりにも歴史があります。

神事にまつわるものとして「包丁式」というものが残されています。

神や尊い位の方に献上する「包丁式」は、まな板の上でまな箸と包丁を使って、食材に手をふれることなく、身を切りさばいていきます。主に、鯛や鯉などの魚が用いられていました。「包丁式」を司る包丁人の装束《しょうぞく》や包丁さばきの美しさなどの様式美は日本料理の世界そのものです。

その包丁式の作法を天地流の「節会《せちえ》料理」福来《ふく》包丁として復活させました。

個人のお祝い事や会社などの慶事や記念日の式典としても要請があれば現代的なイベントとして執《と》り行っています。

『天地の会』の人たちにも伝えていきたいと、実演とともに「節会料理」福来包丁の解説を次のようにまとめています。

（その口上を以下のようにして伝えています。〇〇のところには当事者の名前や店名や年月日を入れて読みあげます。）

天地流の「節会《せちえ》料理」福来《ふく》包丁の口上

こんにちは

本日のご来館有難うございます。

ただ今より皆様方のご健勝とご多幸を祈念し、当館料理長〇〇〇〇が節会《せちえ》料理　天地流　福来《ふく》包丁を執《と》り行わせて頂きます。

それでは舞人《まいびと》○○○○の略歴を簡単にご紹介申し上げます。
一九○○年　○○（地名、九州別府など）で産声《うぶごえ》をあげ地元の○○高校（または中学）卒業後　○○料理店（旅館名）に入社し※勲章の料理人「大田忠道」先生の門下生となり○○年の修業の後　各地で研鑽を重ね、有名旅館で天地流の中で一つの○○（包丁人の名前）流料理を確立しております。

（※二○○四年、黄綬褒章受章）

続きまして天地流「節会料理」の故事につきましてご紹介申し上げます。

有馬温泉が広く知られるようになりましたのは、奈良時代に温泉の医療効果を認めた僧・行基《ぎょうき》が、温泉寺を建立したのがきっかけとなり、さらに繁栄をもたらしたのが、豊臣秀吉であります。秀吉は千利休《せんのりきゅう》を引き連れて度々温泉を訪れ茶会をもうけました。

有馬温泉にございます紅葉で有名な瑞宝寺《ずいほうじ》には豊臣秀吉公がよく訪れたという言い伝えがございます。

茶会だけでなく、北政所《きたのまんどころ》を同行させ、温泉保養に幾たびも訪れたそうです。

北政所が温泉に行ったとき、疲れているのを地元の村人が見て、地元でとれた山菜や魚を運んだといわれる、通称　魚屋道《ととやみち》を通り、運んだ魚類を料理して、癒したといいます。その時、季節の山菜や魚を盛り、手を直接食材に触れずに箸と包丁で三枚に下ろし、皮を薄くひいて、お造りにし、野菜を混ぜ合わせて食べていただいたといわれています。

この食作法の料理も忘れられつつありましたが、昭和六十一年大山流継承者　辻本嘉一氏より『天地の会』会長、有馬温泉、当時の「中の坊　瑞苑」総料理長、大田忠道氏が継承し天地流として蘇りました。

お客様のご要望から、各種のお祝い事、喜寿・米寿・会社の設立記念など、おめでたい行事、祭事などにお客様の前で料理の儀式をご披露し食していただくことが天地流の真髄であります。

また、節会《せちえ》とは古代朝廷で節目、その他の公事《おおやけごと》のある日に行われた宴会で、とくに元旦、白馬《はくば》、踏歌《とうか》、端午《たんご》、重陽《ちょうよう》、豊明《ほうめい》、任大臣《にんだいじん》などの節会の折々に、魚や鳥を用いてその切り方で瑞祥《ずいしょう》を表現していたものが節会料理の原点です。

なお本日は、鯛と季節の野菜を料理しています。

皆様ご存知のとおり、鯛はめでたいに通じる語呂合わせです。

江戸時代に始まった七福神信仰とも結びつき、恵比寿天が抱えている鯛はおめでたい魚となっています。

ここで、実際に福来包丁を実演いたします。

節会料理の「まな板」の故事についてご説明いたします。

まな板は、宇宙自然の意義を象《かたど》り作られております。

まな板は、横・一年三百六十五日を意味し、三尺六寸五分に定められ、幅は左・一年十二カ月の陰・陽と、右・一日二十四時の昼夜を意味し、二尺四寸と定められ、厚さは女人を意味し、その熟成させる女体を意味し、三十三才を三寸三分で表し、足は男を意味し、その完成せる四十二才を四寸二分で表されております。

上部平面は、人間生活に必須用件を意味し、右肩を朝拝《ちょうはい》といい、人は朝日目指して、神仏祖先の礼拝により始まるをもって、朝拝と名づけられ、右下角を五行と名づけ、火水木金土のその恩恵を開発取り行う事を意味します。

「火」は太陽をはじめ、人間生活に無くてはならぬのであり、「水」もまた、人間に欠くことのできぬものであります。「木」も建築等生活になくてはならぬものであり、「金」もすべての物を作り出す器具等に必要であることを教えており、「土」もまた、無から有を生じ、農産物等を生じる自然の恩恵を意義し、以上五つを人はすべてこれを取り行わなければならないことを教えております。

左肩を宴酔《えんすい》と称し、人は一つのかめで醸せる酒を汲み交し、和をつくり、人々の幸を喜び、楽しみを意味しております。

左下角を四徳《しとく》といい、人はすべての知恵を伝え、仁義を尊び勇気をもって、愛情を供えなければならぬことを教えております。

人は以上を、すべての教えを行い、司《つかさど》る場として、中央広場を式と名づけております。また「朝拝」を青、「五行」は黄、「宴酔」を赤、「四徳」を白、中央「式」は黒を以て表しております。


如何でしょうか。厳粛なる福来包丁により、立派な鯛は見事に調理されました。縁起のいい鯛のお料理をご賞味ください。それではまた「〇〇〇」（屋号）をご利用くださることを私たち社員一同お待ちいたしております。

それでは調理師が調理してまいりますので、しばらくの間　お待ちください。ありがとうございました！


（「口上」原文のママ）

実演とともに以上のような口上を述べて、「福来包丁」の説明をしています。実演をしながらですので、イベントの内容によっては、アレンジして、時間が少ないときは縮めてもよいでしょう。『天地の会』では幹部を通じて、このような歴史的な財産である「節会料理」福来包丁を伝承していきたいと勉強に励んでいます。

《第七章》

次世代の料理人に伝える

これからの料理人にとって大切なこと

「料理人に伝えたいこと五カ条」

一、一生ものの大切な人間関係

二、義理・人情を欠くな！

三、異業種の人に学べ！

四、常に謙虚に、天狗になるな！

五、生活面では贅沢は禁物！

私が育てた弟子や孫弟子たちが全国におりますが、若い料理人に伝えておきたいことがあります。とくに精神面で大切なことを五カ条にまとめました。私自身これを大事にすることでここまで成長できたと断言できます。

今、若者たちに欠けていることといえば、人と人との対話です。「人間関係」の大切さを知りません。人間関係がうまくいかずにつまずいたりする弟子もいます。そして、昔からの言葉で言えば「義理・人情」の大切さを知りません。「義理・人情」を欠いてしまい、面倒をみてくれた親方や先輩たちの信頼を裏切る結果になり、挫折していった若者も多くみています。料理人として成功するために前掲の五カ条を大切にしてもらいたいのです。

一、一生ものの大切な人間関係

料理人に伝えたいこと五カ条をよりわかりやすく説明していきましょう。まず、一番目にあげた人間関係についてです。

人間関係は一生ものです。とくに師弟の関係は大切で、親子関係にも似ています。私の弟子は、皆「おやっさん、おやっさん」と呼んでくれていますが、本当に自分の子供のように思っています。

この道に入って、この人はと思った親方に出会えたら、それこそ、一生の財産です。親方に対して上辺だけの態度で接していたら、親方と弟子の間には信頼関係は生まれません。

技術の伝承について、マニュアルや教科書はありません。どの時期に、どのタイミングで教え伝えるか、親方のほうも頃合いを見計らっているのです。

まず、基礎・基本を教えようとしても挨拶もロクにできなかったり、時間が守れなかったり、人間として一番大切な基本のことができないと教える気にもなりません。人に見られているときには真面目にしていて、誰も見ていないところでごまかす。その上、だんだん慣れてくると態度が悪くなっていくというようなウラオモテのある生き方はいけません。人間として信用を得ることはできないからです。

そして、少し上の立場になったら、下の者の面倒をよくみること。自分のことだけを考えて、まわりの人間をただ便利に使うようではダメです。自分についてきてくれる部下を育てていくことも大切なことです。人を育て、部下をまとめていくことができれば、やがて「長」という立場につくことができます。

人間関係を大切にすることが修業の基本ということをいつも教えているのですが、失望する出来事もあります。

弟子入りしたいときや、就職口を世話して欲しいときなどは一生懸命になって頭を下げて頼みにくるが、辞めるときは連絡もなし…という勝手な人間がいます。人に頼ってきたら、それなりの礼儀というものがあるはずです。相談や挨拶のひとつもあるのが当たり前だと思うのですが。

また、目をかけていた子が、見習い程度で早々と辞めてしまうこともあります。しかも、何の相談もなしにです。これは手の打ちようがありません。もう少し辛抱すれば料理に対するセンスもあり、見込みがあると思っていたのに、ほんの入り口のところで人間関係がうまくいかなかったり、自分からあきらめてしまう。一言相談してくれれば、いくらでもよいアドバイスが出来たのにと残念でなりません。人と人との対話ができにくいことが、現代っ子の特徴でしょうか。

親方と弟子は「親と子」の関係にも似ていると言いましたが、十代であずかった弟子で、飲み込みも早く将来性があると見ていた子がいました。この子が二十代になるかならないかのとき、バイクの事故であっという間に、この世から去って行きました。

「何でもっと注意してやらんかったんやろ。若い者は、スピード出してかっこよく見せたい！　ただそれだけで、無茶するねん。無茶したらあかん」

独り言のようにつぶやいて、悔やみました。そのときは本当に可愛い我が子を失った思いでした。それからは弟子たちの私生活の部分にまで気を配るようになりました。師弟の関係や、仕事場での人間関係は一生のものです。より絆《きずな》を深めて信頼関係を築きましょう。

二、義理・人情を欠くな！

「義理・人情を欠くな」ということは、私が折りに触れて話していることです。人間関係をスムーズにする大切なキーワードなのです。

一度世話になった人に対しては、盆暮の挨拶をするとか、たいそうな物を送らなくともいいのです。挨拶だけでもいいんです。挨拶は、本人が行けなかったら、奥さんでも構わないのです。また、最近は公私ともにメールや携帯電話で済ませてしまうことが多いように思います。普段のやりとりはそれでも構いませんが、節目、節目の挨拶は別です。また、大切な人へのお礼の場合、礼状のひとつも書けないようではいけません。忙しかったら、奥さんに代筆させてもよいのです。

昔の人は、奥さんのほうがよく気がついて、お中元やお歳暮などをこまめにしたものです。また、男の無骨な字の礼状をもらうより、むしろ、ご主人の代筆で、奥さんの優しい女文字の方が受け取ったときに、嬉しいと思いますよ。実際に私の弟子の奥さんから礼状をもらいます。何回も会ってはいないのですが、身内のような親近感がわき、面倒の見方も違ってきます。家庭内もまあうまくいっているのだろうと安心もします。それこそ「内助の功」というものです。

冠婚葬祭はもちろんのこと、節目の挨拶やお付き合いなど、義理・人情を欠くようなことはあってはいけません。信用を失うことにもなりかねません。夫婦ぐるみで、このことをきっちり考えて実践してください。親方はもちろん仕事仲間、そして、下の者たちにも信頼される結果がでてくるはずです。

三、異業種の人に学べ!

料理人はとにかく忙しく、厨房にこもりきりで、なかなか外へ出て行く時間がとれません。前にもいろいろ例をあげてきましたが、世間の情報からも疎くなり、〝職人バカ〟〝料理人バカ〟になってしまいます。

私が勤めていた大型の老舗料理旅館では、毎日百五十〜二百人のお客様がみえます。「創作料理」や「客前料理」を提供し、私も私の弟子もお客様の前に出るようにしています。料理のパフォーマンスをしながら、食材の特長や産地についてお話しし、調理法なども説明いたしますと、お客様は、いろいろな形で反応してくださいます。かりに一日十人のお客様と出会っていたとすると一年で何千人かの人と出会っていることになります。名刺交換をさせていただいたお客様もかなりの人数になります。

「食」とまったく関係のないお客様だったり、サービス業の方や、流通関係の方だったり、様々な異業種の方々と出会うチャンスがありました。また、同業種の飲食店の経営者や和食以外の料理人の人だったり、いろいろな人と出会いお話を聞きました。毎日毎日出会いがあり、大勢の人と言葉を交わす機会があるのです。たかが料理人ですが、多くの情報を得たり、時代を知ることができる職業を私は他に知りません。

「異業種の人に学べ」ということは、激変する状況に対応するために常にフットワークをよくして、柔軟な体勢にしておけということなのです。

常にアンテナを立てて、お客様のお話を聞き、いろいろな情報や意見をキャッチします。同業の人たちと話しているより、異業種の人たちと話しているほうが、仕事のヒントにつながったりすることが意外と多いと思えるのは、私だけでしょうか。また、プライベートでも、なるべく異業種の人と接し、年上のキャリアのある人のお話を聞くように心がけています。

同業者同士だと、話の行きつくところが一緒になります。同業者同士で愚痴を言い合っているよりは、もっと広い世界を知ることで、解決の糸口を見つけたり、突破口を探していく方が賢明だろうと私は思います。もちろん、同業の友人や師弟関係を大切にした上でのことです。

四、常に謙虚に、天狗になるな！

自分の努力次第で、実力をつけていけば若くして料理長になることもできます。

しかし、私は料理を教える以前に人間としての礼儀や人間関係を大切にすることを躾けてきたつもりです。つまり、人間としての基本を大切にしないと、あとでいくらテクニックを積み上げていっても、人がついてこない。小手先の器用さや要領のよさを武器にすることでは、本当の実力がつかないのです。

素直に仕事に取り組み、見込みのある勉強熱心な弟子には、人と人とのつながりを学ばせます。比較的若い時期に料理長クラスの責任のある立場につかせます。それでダメになる人間もいますが、常に謙虚に学ぶ姿勢があれば、問題をクリアしつつ成長し、立派な料理長になることができます。

しかし、若くして料理長になっても、天狗になったら最悪です。年齢が親子ほど違う人の上に立つ場合もあります。年輩の人たちを束ね、生意気盛りの若者たちも引っ張ってチームワークをとり、上手に厨房をまとめあげていかなくてはなりません。

料理長がテッペンに上った気分になっていては、周囲の人のことが見えてこない。常に下の者の言う事にも耳を傾け、タテ・ヨコのつながりを大切にしてください。天狗になった料理長に助け舟を出す人はいません。自分の責任の重さを考えつつ常に謙虚になって事に当たってください。必ずついてくる者がいます。よい理解者も出てきます。

五、生活面では贅沢は禁物！

今の若い人たちは、私たちの育った時代と比べものにならないくらいに贅沢が身についています。食べるものにも困った時代があったことも知らない。まさに、飽食の時代が続いているのです。一般家庭で、野菜でも何でも工夫すればまだ食べられる可食部分がゴミとして大量に捨てられている。それが日常的に行われていても、もったいないと思わないほど豊かになっています。

まだ駆け出しの新米から四〜五年後には中堅の料理人になって、少しずつ収入も増えてくる。その頃が一番危険なのですが、お金の使い方が派手になり生活が贅沢になっていく。仕事に関係する食べ歩きや食材研究に使うのならよいのですが、分不相応な遊びや車などに平気でお金を使うようになる。ここでつまずく子も多いのです。まだまだ生活や収入も安定していないのに、浪費するようになっては歯車が狂ってきます。親の元では苦労知らずで育ってきたせいか、金銭感覚がシビアではない。

ちょっと仕事をして収入が増えてきたといっても、サラリーマンとは違うのです。昇給やボーナスももちろん不安定ですし、ましてや、将来五十、六十歳になって退職したとしても退職金が出るとは限りません。

二十代、三十代のしっかり働けるときに稼いで、生活面での贅沢は禁物です。

私の修業時代には先輩の料理人がよくおごってくれました。仕事が終わったあとに腹を空かせて寝られない新米たちを連れて、屋台のラーメンや居酒屋などで飲み食いさせてもらったりしました。休みの日なども先輩について行くと、その日の食事には困らなかったこともよく覚えています。

先輩はあたり前のように後輩の我々におごってくれたり、面倒をみてくれたので、ありがたいと思うと同時に師弟のような絆《きずな》も生まれてきました。そんなある日、ふと先輩の足元を見ると、穿いていた靴下の底に穴があいているんです。着ているものもくたびれたものでした。その時のことは忘れもしません。口に出さないけれど、自分のことはさておいて、後輩の面倒をみてくれていたのです。この先輩には多少の無理を言われても、ついて行こうと思いました。

料理人も少しずつ上の立場になると、下の者への目配りもしなければなりません。自腹を切って、飲み食いをさせたりする。ポケットマネーがあるとないとでは違ってきます。広い意味での交際費が必要になってきます。私はこれを無駄遣いとは思いません。そうした出費もあることを考えると、生活面での贅沢を極力抑えて、節約していかなくてはいけません。

今は昔よりも料理長の位置づけは格段に高くなってきています。辛くとものぼりつめれば必ず高収入が得られると思って励んでください。

地域に貢献する料理人になれ！
人材育成と食育活動に努める

私は自分の持っている技術で地域の人たちに貢献したいと考えて、いろいろな活動をしています。

「兵庫県日本調理技能士会」を立ち上げて、業界全体のレベルアップを図るため全国的なネットワークを広げています。従来の徒弟制度のようなものではなく、もっと技術をオープンにし、一緒に勉強していきたいという会を目指して活動しています。

そうした活動が評価され、平成十年（一九九八年）に兵庫県から「ひょうごの匠《たくみ》」に認定され、平成十三年（二〇〇一年）には、「神戸マイスター」にも認定されました。

調理師という職業の誇りを高め、ともに技術の向上を図るという意味で、私は自分の弟子たちだけでなく、一般の人たちとのかかわりを考えるようになりました。

次代を担う若者たちに「食の大切さ、食の楽しさ」を伝えていきたい。そして、子供たちのためには、一緒に作ったり食べたりして「食育」のお手伝いもしています。私と私の仲間が、積極的にこの活動をすすめていて、その中で教えることだけでなく、逆に子供たちからも元気をもらえることもあり新鮮な喜びも感じています。

「ひょうごの匠」キャラバン隊 中学校を巡り、食育活動にも役立つ

「ひょうごの匠《たくみ》」とは、兵庫県内の卓越した技能者の中で、とくに技能の伝承と技能後継者の育成に熱意があり、その模範となる技術者が認定されています。

専門職の二十五職種から選定され、私も「料理・調理」という職種として平成十年に認定されました。

平成十年度から兵庫県内の中学校に「ひょうごの匠」キャラバン隊を派遣しています。技能の実体験を通じて、物作りの面白さ、技術の素晴らしさを実感してもらい、将来の職業選択の参考にしていただくことを目的にした活動です。

建築大工・石工・畳・造園・菓子製造・フラワー装飾・写真・貴金属装身具製作・印章彫刻など二十五種。さまざまな技能を持った方たちが、「ひょうごの匠」キャラバン隊

として、中学校に出向いて、生徒さんたちにその体験学習を行っています。

「調理・料理」をテーマにした「ひょうごの匠」キャラバン隊は、中学校の教室に出張して、技能のデモンストレーションと技術指導をします。

私と私のスタッフたちとキャラバン隊を組み、何人かで学校を訪問します。その教室の人数分の材料もすべて持ち込みます。生徒たちに挨拶すると、大抵の子は私のことを、テレビなどで知ってくれていて、

「あっ、『料理の鉄人』だ」

「ちちんぷいぷいの料理の人だ！」

『ちちんぷいぷい』は関西から発信しているお昼の主婦向けのテレビ番組で私はレギュラー出演しているので、皆よく知っていて、とてもやりやすくスムーズなすべり出しです。

この日のデモンストレーションは「玉子焼き」と「巻きずし」で、その作り方を教え

「ひょうごの匠」、「神戸マイスター」に認定される

平成10年（1998年）兵庫県から「ひょうごの匠」に認定されて、以後キャラバン隊を組んで中学校で調理指導をしています。平成13年（2001年）には「神戸マイスター」にも認定され、指導者育成にあたっております。写真は、平成10年度の「ひょうごの匠」認定式。

ました。誰もが知っている食べ物ですが、自分で作ったことのある生徒は一割にも満たないのです。デモンストレーションのあと、実技に入ると案外器用に見よう見まねで、男の子でも上手に作る子がいます。

「手作りする楽しみ、そして自分で作ったものを食べること」これだけでも、中学生にとっては新鮮な体験で、忘れがたいものとなる。料理は女の子と決めつけられないことがはっきりとこの授業でもわかります。女子だけに限らず、男子も強い関心があり、一度もやったことのない玉子焼きや巻きずしを嬉々として作ってみせてくれます。多少の出来不出来はあるものの、全員で試食して大満足！

「ごちそうさまでした」で終わるのですが、いつも手応えがしっかり伝わってきます。

この中の一人か二人でも料理に興味がわき、将来料理人になってくれたら嬉しいですね。職業選択の一つの選択肢として覚えていてくれるといいと思います。また「食育」の面でも将来役に立つことを願っています。自分が生きていくための大切な「食事」を自分で作れるような大人になって欲しいです。

より高いプロの技術を伝承する「神戸マイスター」の役割

平成十三年（二〇〇一年）に「神戸マイスター」に認定され、さらに後進の指導を幅広く行うようになりました。マイスターとは、ドイツ語で「親方、大家、名人」などの意味です。神戸市が認定するもので、優秀な技術・技能を持つ人で、より多くの優れた人材を育てていくことを目的としています。

全国的にも通用する「神戸マイスター」は、製造・建設・サービスなど、幅広い職種から八十二名（二〇〇八年現在）が誕生しています。食の部門では洋菓子や西洋料理、パン製造、中華料理、それに和食も含めて一流の方たちばかりです。この「神戸マイスター」の面々は、プロを目指す若者たちへの技術の伝承を目的としていますので、より高いレベルで後進の指導にあたっています。

次世代のマイスターが生まれるように、これからも活動を活発にしていきたい。他業種のマイスターたちと手をたずさえていろいろなセミナーを企画したり、広く門戸を開いて、伝承すべき技術を伝えていく役割を担っていくつもりです。

プロもアマチュアも参加できる「お魚師範技能検定」を実施

全国『天地の会』と「兵庫県日本調理技能士会」との主催で、「お魚師範技能検定」を実施して、好評を得ています。通称「お魚検定」と言っていますが、ユニークな点はプロの人もアマチュアの人も参加できることです。

その趣旨は次のようなものです。

「水産国ニッポン」は、古代から魚料理を食してきました。多くの日本人が四季いろいろの魚に親しみ、魚のことをよく知り、日本料理やすしといった世界に冠たる独自の食文化を生み出してきました。しかし現在、水産を取り巻く環境は大きく変わってきました。漁業の発展、冷凍技術や養殖技術の進歩によって漁獲量は大きく伸びていきましたが、その反面、魚の旬や産地、本来の味といった魚に関する常識が、プロの売り手や調理師ですらわからなくなってきているのです。

また、スーパーなどでは切り身として売られることが多くなり、その結果、魚の姿そのものを知らない現代人が増えてきています。調理においても、魚のおろし方や調理法がわからない人も増えているのです。

このままでは日本の魚文化、さらには日本の食文化自体が危機的な状況に陥っていくのが危惧されます。そうならないためには、食育の重要性が叫ばれる今こそ、魚に関する知識や調理の普及・向上が必要だと考えます。

そこで、魚種ごとの生物学的特徴、旬、産地、栄養価、漁法や飼育法、さらに処理の仕方や調理法など専門知識をもつスペシャリストの育成が重要と考え、「お魚師範」の検定制度を提案するものです。

（原文のママ）

平成二十年三月二十日の「第三回お魚師範技能検定」の課題は「中級検定／鯵《あじ》」で、兵庫栄養調理製菓専門学校を会場に開催しました。

鯵についての講義と、検定内容に沿った模範実技のデモンストレーションの後に、調理実習を行う。ここで、プロの調理師部門とアマチュア部門に分かれます。

「お魚師範技能検定」を定期的に開催

初級から師範まで段階によって検定します。 魚の知識と技術をデモンストレーション。

プロとアマチュアが別々の教室で実習して、 審査員がチェックして認定します。

今回の検定の内容は

①鯵一尾を三枚におろす。

②鯵料理を作る。今回の料理は「鯵の甘酢あんかけ」

鯵の基本的な処理の仕方と三枚おろしの包丁さばき、それに鯵の課題料理「鯵の甘酢あんかけ」をきちんと調理できるかどうかを検定します。プロとアマでは当然検定基準が違ってきます。アマチュア部門の方は、親子で参加したり、若いＯＬの方や魚料理は初心者のような年配の男性の方やらさまざまです。

プロの部門では、調理師学校の生徒や、現在料理店や旅館などの厨房で働いている人などで、女性の参加者も目立ちました。

約半日かけて、体験実習して皆で自分の作った料理を試食します。盛りつけは自由で、それぞれに違っていて個性が表れています。今回の参加者は全部で四十七名、審査員が審査を行い、合格者に認定証が手渡されました。

現在すすめている「お魚検定」の内容は、初級、中級、上級、師範と段階があり、次のような課題を設定しています。

〈初級〉

- 鰯／鰯の手開き・鰯料理
- 鱚／鱚の大名おろし・鱚料理

〈中級〉

- 鯵／鯵の三枚おろし・鯵料理
- イカ／イカの下処理・イカ料理

〈上級〉

- 鯛／鯛の三枚おろし・鯛料理
- 鮃／鮃の五枚おろし・鮃料理
- 貝類／貝類の下処理・貝料理
  （赤貝／アワビ／サザエなど）

〈師範〉

- 鱧／鱧のおろし方・骨切り・鱧料理
- ふぐ／ふぐのおろし方・ふぐ料理
- 鰻、穴子／鰻、穴子のおろし方・鰻・穴子料理
- すっぽん／すっぽんのおろし方・すっぽん料理

各級の各魚種ごとに行われる事柄は
①魚の正しいおろし方の検定
②魚のおいしい料理法の研究
③魚の正しい知識
④その他、魚に関する研究・情報の提供
⑤ＩＨクッキングヒーターなどこれからの調理器具での魚料理の調理実習
などです。

以上のような「お魚検定」を実施、技術の向上にそって認定・合格証を発行しています。プロの方たちはもちろんのこと、一般の方たちに魚料理をもっともっと広め、魚料理の基本を身につけてもらいたいというのが目的です。

この「お魚検定」は、地域の同業者や多くの食品メーカーや企業の方たちからも協力を得ています。心強い限りです。

これからも活動を続けていき、日本の財産ともいうべき「魚食文化」を伝えていきたいと思っています。

この道一筋に生きて、「黄綬褒章《おうじゅほうしょう》」を受章

料理人の世界に入って約半世紀。数多くの弟子たちを一人前にするために、その育成に努めてきました。『天地の会』の会員も七百名を超える大所帯に成長しています。今では全国の有名旅館に数十名の料理長を輩出しております。

また、各地の有名料理店の料理長として活躍している弟子たちも多数おり、嬉しい限りです。

弟子たち自身の努力も相まって、二十代、三十代の若い料理長も誕生させています。

私がサポートしているにしても、立派に料理長として責任を果たしていることも誇りに思っています。

これまでの仕事に対するご褒美とでもいいましょうか、思いがけず勲章をいただく栄誉に浴しました。

「業務に精励し、衆民の模範たるべき者に授与される」という名誉ある「黄綬褒章」を受章いたしました。

平成十六年（二〇〇四年）春のことです。

受章を祝って祝賀のパーティーを開いていただいたことは、私の料理人人生の中でも最大の喜びを与えてくれた出来事でした。

県知事をはじめ、私の料理のファンである著名人の方々や常連のお客様たち、何百人もの方々に祝っていただき感無量の一夜でした。

「黄綬褒章」受章以来、イベントや料理講習会などのときには、「勲章の料理人」というタイトルがつけられることも多くなり、本当に身のひきしまる思いです。この勲章に恥じないように、日々精進して、今後も後進の指導や料理人の育成に一層力を注いでいく覚悟でおります。

アメリカやヨーロッパでも日本料理が大人気で、グルメの国フランスの三ツ星シェフも日本料理を絶讃し、勉強しに来日するほどです。

世界に誇れる日本の食と食文化を伝える料理人として、次代を担っていく若者が育っていくことを期待して、本書のしめくくりとします。

5段階評価（5:大変良い～1:大変悪い）

性別　男　女　年代　代

盛り付け	温度	味	量	質	

全体量		満足度		係り対応	

● 献立評価表 ●

カテゴリー	献立名(例)	季節感	器	
前　　　菜	秋刀魚梅香焼			
	零余子・銀杏松葉			
	栗蜜煮　枝豆			
	永平寺豆腐			
	茸白和え			
お　凌　ぎ	越前おろし蕎麦			
造　　　り	間八引き造り			
	鮪引き造り			
	甘海老			
	妻　いろいろ			
蓋　　　物	焼目鰤大根			
強　　　肴	牛肉葱味噌陶板			
鍋　　　物	秋鮭吟醸鍋			
蒸　　　物	蟹玉地蒸し			
酢　　　物	錦秋水雲			
	穴子南蛮漬け			
食　　　事	福井産こしひかり釜飯			
香　の　物	二種盛			
水　菓　子	蜜豆			

コメント

総評	品数		

※献立名の欄は記入の仕方をわかりやすくするために料理名を例として入れました。

※『天地の会』の試食会等でよく使う献立評価表です。料理の改善に役立つものです。利用してく

四季の彩 旅篭《はたご》

兵庫県神戸市北区有馬町字東門口 1389-3

客前料理の名物「雲海鍋」や創作料理で好評をいただいている料理旅館です。料理道場を主宰する大田忠道の石像。

ご馳走塾 関所《せきしょ》

兵庫県神戸市北区有馬町字山田山 1820-4

大田軍団の料理人たちが腕をふるう、お食事処です。ランチとディナーが気軽に楽しめます。

創作料理倶楽部　天地の宿 奥の細道

兵庫県神戸市北区有馬町字大屋敷 1683-2

有馬温泉の奥座敷、高級食材を使った大田流創作料理を提供している癒しの宿として評判をいただいております。

金泉、銀泉で有名な有馬の湯が楽しめます。湯殿の前に「月日は百代の過客にして行きかふ年も又旅人也」芭蕉の『奥の細道』の一節。

『奥の細道』の玄関には、いつでも使っていただける東屋風の「金泉の足湯」があり、お出迎えします。

大田忠道（おおた　ただみち）

昭和20年（1945年）兵庫県生まれ。

「百万一心味　全国天地の会」会長。兵庫県日本調理技能士会会長、神戸マイスター、日本調理師連合会有馬支部長、日本調理師会副会長など多くの公職を兼任。平成16年（2004年）には黄綬褒章を受章した。

現在、兵庫県・有馬温泉で「四季の彩　旅籠」「天地の宿　奥の細道」「ご馳走塾　関所」を経営。全国の旅館、ホテルの料理のコンサルティングも行う。

その傍ら、「大田料理道場」を主宰。「料理長コース」などを設けて、プロの調理師・調理長を育成し、旅館やホテルなどにも人材を送る。

著書に『だし合わせ調味料便利帳』『四季の刺身料理』『人気の弁当料理』『人気の小鉢料理』『四季の居酒屋料理』『人気の前菜　先付け』『新しい小宴会の料理　行事の料理』『簡単だしでできるおいしい和食の作り方』（以上、旭屋出版刊）など。

大田忠道の料理人道場

初版発行日　2009年9月22日

著　者　大《おお》田《た》忠道《ただみち》
制作者　永瀬正人
発行者　早嶋　茂
発行所　株式会社　旭屋出版
住　所　東京都港区赤坂1-7-19
キャピタル赤坂ビル8階
〒107-0052
電　話　03-3560-9066（編集部）
03-3560-9065（販売部）
F A X　03-3560-9071
郵便振替　00150-1-19572
web　http://www.asahiya-jp.com
印刷・製本　株式会社シナノ

[構成・編集]
稲川美枝子（みえ企画）
長倉裕子

[デザイン]
畠中ゆかり

ISBN978-4-7511-0857-4
定価はカバーに表示してあります。